大学生成长导航

主　编：徐　翔　李梦远　彭克剑

副主编：刘　烨　龙文静　徐　彬

　　　　曾炜光　诸　敏　向红洁

　　　　李　江　张　苗　许笑男

　　　　吴　迪　罗梓文　刘人辅

湖南大学出版社

·长沙·

图书在版编目（CIP）数据

大学生成长导航 / 徐翔，李梦远，彭克剑主编.

长沙：湖南大学出版社，2024. 9. -- ISBN 978-7-5667-3786-1

I . ①G645. 5

中国国家版本馆 CIP 数据核字 2024648ZA4 号

大学生成长导航
DAXUESHENG CHENGZHANG DAOHANG

主　　编：徐　翔　李梦远　彭克剑

责任编辑：张建平

印　　装：湖南美如画彩印有限公司

开　　本：787 mm×1092 mm　1/16　　印　　张：13.75　　字　　数：214 千字

版　　次：2024 年 9 月第 1 版　　印　　次：2024 年 9 月第 1 次印刷

书　　号：ISBN 978-7-5667-3786-1

定　　价：48.00 元

出 版 人：李文邦

出版发行：湖南大学出版社

社　　址：湖南·长沙·岳麓山　　邮　　编：410082

电　　话：0731-88822559（营销部），88821691（编辑室），88821006（出版部）

传　　真：0731-88822264（总编室）

网　　址：http://press.hnu.edu.cn

电子邮箱：574587@ qq.com

前言

　　大学，一个梦想开始的地方。大学生在大学这个宽广的平台上丰富知识、修身养性、拼搏进取，在不断学习中遇见更好的自己，在不断进步中沉淀出更优秀的自己。然而，刚刚进入大学的同学们难免会面临困惑、迷茫，甚至失去目标。为了引导大学新生全面了解和熟悉大学，快速适应大学生活，及时转换角色，明确人生目标，养成良好行为习惯，顺利完成大学学业，特编写本书。

　　本书由徐翔、李梦远、彭克剑担任主编，刘烨、龙文静、徐彬、曾炜光、诸敏、向红洁、李江、张苗、许笑男、吴迪、罗梓文、刘人辅担任副主编。编者试图从大学新生的角度出发，力求帮助同学们尽快熟悉大学和大学生活。本书共分六章，主要介绍学校校史、大学学习和生活、心理健康常识、安全知识、生涯规划。本书既有理论阐述，也有形势分析和政策汇编，还有经验和案例分享，可作为大学新生了解大学生活、圆满完成大学学业的指导教材。

　　本书在编写的过程中参考了大量书籍和网络文献，在此谨向其作者表示感谢。

　　由于编者水平有限，书中错误和疏漏之处在所难免，恳请广大读者批评指正。

编　者

2024 年 8 月

目 录

CONTENTS

第一章
常德职业技术学院沿革

常德职业技术学院是 2003 年 4 月经湖南省人民政府批准，由原常德农业学校、常德卫生学校和常德机电工程学校合并组建成立的一所国有公办全日制高等职业技术学校。学院创办以来，始终坚持"育人为本、崇实重用"的办学理念，秉持"砺志、笃学、厚德、创新"的校训，积极为国家和地方发展培养实用人才。学院职业教育底蕴深厚，教育教学成果丰硕，优秀人才辈出，办学影响深远。根据历史脉络，学院发展经历了中专教育、高职教育两个阶段。

一、中专教育阶段

（一）常德农业学校

常德农业学校创办于 1905 年（光绪三十一年），是湖南省创办较早的农校，也是全国八所农业学校之一。学校发展共经历以下几个时期。

1. 长沙奠基时期（1905 年 8 月—1938 年 8 月）

1903 年（光绪二十九年），湖南巡抚赵尔翼在长沙北门外先农坛创办农务局，并开发附近十余亩官地为农务局试验场，委提调李祚良主事。1905 年 8 月新任巡抚庞鸿书奏清朝中央政府政务处，立案改农务局为"湖南农业学堂"，开办蚕科，定学制两年，首招 26 名蚕科学生。

2. 迁校浦市时期（1938 年 9 月—1945 年 12 月）

1938 年日军飞机轰炸长沙，农校桑园房屋被毁，8 月省政府命令各校疏散。农

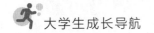
校于 9 月迁校湘西自治州泸溪县浦市镇，以古老破旧的上方寺和雷公庙为校舍，10 月在上方寺正式开学上课。浦市办学条件艰苦，但师生精神振奋，学业不废。

3. 迁校津市时期（1946 年 1 月—1958 年 7 月）

抗战胜利后，获省政府批准，农校决定迁校常德市津市市。1947 年 8 月，学校改名为"湖南省立津市高级农业职业学校"。

图 1.1　湖南津市农校毕业师生合影

4. 常德地区时期（1958 年 8 月—2003 年 4 月）

1958 年 7 月，农校改由常德专署领导，更名为"湖南省常德专区农业学校"，同时决定在常德西郊南湖坪岩坪建立新校舍。1969 年 9 月，常德地区革委会决定撤销常德师专、常德农校和供销合作学校，三校合并办"常德地区共产主义劳动大学"。1970 年初，经常德地区革命委员会批准，恢复常德地区农业学校。

1985 年 5 月，中共中央作出《关于教育体制改革的决定》后，同年 11 月八十周年校庆之际成立了以李成之同志为首的校领导班子，新班子大胆改革，学校取得长足进步。

1991 年至 1992 年省农业厅、省教委、省计委组织的三次办学水平评估中，农校名列前茅，先后被农业部定为 A 等三级学校，被省人民政府批准为省部级重点中专学校。

1992 年 6 月，农业部副部长相重扬同志和教育司副司长孙翔同志来学校视察。1993 年 5 月，农业部副部长洪绂曾同志来校视察。

1994 年，学校被农业部授予教育改革先进单位称号。

1994 年，农业部、国家教委确定在学校建立"湖南省优质棉栽培技术中心"。

2000 年，学校被教育部批准为国家级重点中专学校。

（二）常德卫生学校

常德卫生学校建立于 1951 年。1951 年 1 月 28 日，湖南省决定成立湖南省卫生技术学校，设立医士和护士两个部，为统一领导，成立"常德专署卫生技术人员训练委员会"，同时决定创办湖南省卫生技术学校常德医士部。1951 年 3 月 28 日学校举行开学典礼，从此开始了 50 多年培育医卫人才的育人之路。

1953 年 3 月，沅陵卫校、津市卫校并入，5 月，益阳护士学校并入，合并后称"湖南省常德卫生学校"，学校迁至永安街 174 号（原省立医院旧址）。

1954 年 9 月 14 日，省政府将常德卫生学校改名为常德护士学校。学校原由常德专署领导，11 月 23 日，省政府下文改由卫生厅直接领导。

1958 年 8 月，常德地委根据省委精神决定常德护士学校开办医学专科班。8 月 26 日常德专区编制委员会正式撤销湖南省常德护士学校，改名为"湖南省常德医学专科学校"。

1965 年元月，湖南省卫生厅决定更名为常德卫生学校。

1968 年 9 月 29 日，地革委批准常德卫校成立革命委员会，下半年与常德地区人民医院、地区卫生防疫站、药检所等单位合并，成立"常德地区人民卫生防治院"。

1971 年 7 月 30 日，地革委决定恢复原常德卫校，称"湖南省常德地区卫生学校"。同年 10 月，学校恢复招生。

1983 年，学校根据省委湘发（83）56 号文件精神进行机构改革和调整，成立了新的领导班子。

1993 年下半年，学校被省教委、省计委定为 A 类学校，同时被确定为省部级重点学校。

1996 年，省卫生厅组织的全省目标教学检查评估中，学校受到通报表彰。

图 1.2　常德地区卫校 84 年级检验进修班留影

2001 年 4 月 18 日，省司法厅批准在学校建立常德市司法鉴定中心，授权开展病理、临床、毒物、精神、物证等鉴定工作，该中心为湖南省第一家司法鉴定中心。

常德卫校所培养的人才遍布沅湘，更以其品学兼优大多功业俱成，于医于世，贡献不薄，影响深远。

（三）常德机电工程学校

1977 年 7 月，常德地区农业机械化学校在西洞庭农场创立，前身先后是"北京农机学院中南分院""湖南省五七干校""常德地区农机培训班"。学校创建之初，仅有教职工 10 多人，占地 100 亩。1984 学校搬迁到市区后，由原来单一的农业机械化专业，扩充到了建筑、财会、机械制造、电脑文秘等 11 个专业，学生人数由 39 人发展到高峰期的 2000 多人。

学校规模扩大后，一方面狠抓教学质量管理，另一方面加大硬件投入，建立了机电、建筑、电工等十多个实验室。学校在 1992 年教育部办学水平评估中被评为 A 等学校。1997 年经省市有关部门同意，学校更名为"常德机电工程学校"。

图 1.3　常德地区第一期农机管理干训班结业纪念

一个世纪的春华秋实，三所学校共为国家培养了近 10 万名各类人才，其中享受国务院特殊津贴的专家 96 位，在各重点大学的知名教授 400 多位。常德市 80% 以上的农技、医卫人员都是从这里走出去的。

知名校友有：国家土壤物理领域唯一的中科院院士邵明安，中国工程院院士、原澳门科技大学校长刘良，湖南省水稻研究专家周坤炉（享受国务院特殊津贴），湖南省外科专家李永国（享受国务院特殊津贴），湖南农业大学原党委书记刘强等。

校友 **邵明安** 院士

土壤物理学专家邵明安在2017年被评为中国科学院院士。邵明安院士是常德市鼎城周家店镇人，1975年—1977年在原常德农校茶叶2班学习。1978年———1982年在湖南师范大学学习。1982年在中科院西北水土保持研究所就读土壤物理学专业的研究生，1993年入美国爱荷华州立科技大学攻读博士学位。1996年开始在中科院西北水土保持研究所工作至今。2017年当选中国土壤物理领域唯一的中科院院士。

刘良 院士

中国科学院、中国工程院最近公布2019年院士增选名单，刘良新增为国家工程院院士。刘良出生在常德市汉寿县百禄桥镇，1975年—1977年在原常德卫校西医42组学习。1982年获广州中医药大学中医学学士学位，1990年获中西医结合研究方向医学博士学位。获得博士学位后，刘良即前往德国汉诺威医学院分子药理研究所及德国科学院（马普）风湿病与免疫研究所从事中药抗炎免疫研究。1994年回国，1997年担任广州中医药大学副校长、教授、博士生导师。2000年8月，香港浸会大学邀请刘良担任该校中医药学院葛菜院长、校务委员会委员、校董会及咨询会委员。2006年，香港浸会大学授予刘良终身教授荣誉，2007年晋升为终身讲座教授。2011年7月出任澳门科技大学副校长兼中药质量研究国家重点实验室主任，2013年1月起担任校长至今。

图1.4　邵明安院士、刘良院士

图1.5　周坤炉（左）

湖南省水稻研究专家周坤炉1966年毕业于常德农校，历任湖南水稻研究中心党支部书记、湖南省农科院副院长、巡视员，湖南省农业科学院研究员，享受国务院特殊津贴。周坤炉1970年加入以袁隆平为首的科研团队，开始从事水稻研究，他以顽强拼搏的精神、敢于创新的勇气、严谨的科学态度和求实的工作作风在水稻研究领域取得了辉煌成就，科研成果累计推广已达9亿多亩，增产粮食1000多亿公斤，

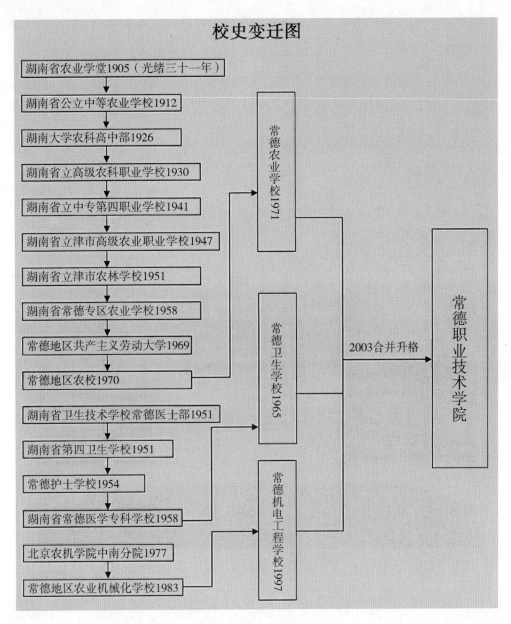

图1.6　常德职业技术学院历史沿革

增加产值约 800 亿元。获得国家、省部级奖 7 项，获得全国第一批有突出贡献中青年专家、全国先进工作者、全国"五一劳动奖章"、湖南省劳动模范等国家、省部级荣誉。

二、高职教育阶段

2001 年 4 月，常德市委市政府决定实质性合并原常德农业学校、常德卫生学校、常德机电工程学校，组建常德职业技术学院。2003 年 4 月湘政函〔2003〕71 号文件正式批准成立常德职业技术学院，明确学院由湖南省人民政府主办，常德市人民政府主管，湖南省教育厅负责业务管理。自三校合并以来，在市委市政府的重视关心下，在学院历届领导班子的正确领导下，在全院教职员工的不懈努力下，学校各方面发展取得了巨大进步。

图 1.7 三校合并后常德职业技术学院新校区

目前，学院占地约 1100 亩，建筑面积 36.56 万平方米，固定资产总值 4.39 亿元，教学科研仪器设备总值 1.48 亿元，馆藏图书 120.17 万册。

学院在职在编教职工约 800 人，全日制在校生约 18000 人。博士、硕士学位教师 510 人，占比 63%，高级职称 243 人，占比 30.1%，均超过职教本科设置标准。省级教学创新团队 4 个，省级教学名师 2 人，常德市名师大师工作室 4 个。

学院设有护理系、医学系、药学系、农业与经济系、机电与信息工程系、土建系、国际教育学院、基础医学系、公共课部、马克思主义学院、继续教育学院、培训部、图书馆、现代教育技术中心、司法鉴定中心等教学教辅机构，开办高职专业 26 个，是一所集农林牧渔、医药卫生、机械制造、土木建筑等专业大类于一体的综合型职业院校。

学院专业特色鲜明，有 3 个省级高水平专业群，4 个国家级骨干专业。近两年师生竞赛获国家级奖励 6 项、省级一等奖 32 项、常德市第一届职业技能大赛金牌 4 块。学院建有附属医院，设有高职教育研究所、桃花研究所、济世药物研究所等研究机构。

三校合并后学院迸发新的发展活力，成绩斐然：

2006 年"教育部人才培养工作水平评估"优秀等级；

2011 年通过教育部人才培养工作第二次评估；

2012 年成为湖南省示范性高职院校；

2014 年成为湖南省首批来华留学生招生单位；

2017 年成为全国数字校园实验校和教育部第二批现代学徒制试点高职院校；

2018 年成为湖南省第一批国家医师资格考试实践技能考试基地；

2020 年成为全国职业院校数字校园建设样板校、湖南省高校大学生创新创业孵化示范基地、国家首批 1+X 证书试点院校；

2022 年成功入选湖南省"楚怡"高水平高职学校和专业群（简称"双高计划"）建设单位；

2023 年入围湖南省首批"楚怡工匠计划"（本科专业）试点高职院校，第一批湖南省高校"一站式"学生社区综合管理模式建设示范校。学院的综合办学水平处于全省高职院校第一方阵。

2024 年新增护理专业为湖南省"楚怡工匠计划"本科试点专业，学院工会被湖

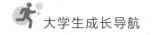
南省总工会推荐为"全国模范职工之家"。

此外，学院还先后获评"湖南省文明校园""湖南省普通高校毕业生就业工作先进单位""湖南省平安高校""全国三八红旗集体""全国司法鉴定先进集体""湖南省征兵工作先进单位""湖南省乡村振兴人才培养优质校""常德市文明单位"等称号。

图1.8　学院党委副书记、院长周华慰问正在开展暑期"三下乡"社会实践活动的师生们

学院主动服务地方经济社会发展，坚持"产教融合、校企合作"的办学模式，以"服务产业、引领产业、提升产业"的整体思路加强专业建设，锚定"三个高地"、推进"二次创业"，重点开展现代农业、智能制造、生物制造领域的产教融合，人才培养质量不断提高。

学院全面落实高校立德树人根本任务，坚持"三全育人"和"五育并举"，不断提高学生综合素质；持续推进"学生组织提质行动"，全面完善学生自我管理体系；优化育人路径，思政教育成效全面提升，以文化艺术节、体育艺术节为平台，大力开展丰富多彩的文体活动，加强学风建设，充分发挥校园文化潜在育人作用，服务学生成长成才。

图 1.9　学院与常德高新区达成战略合作，共建智能制造市域公共实践中心

图 1.10　学院学生男子篮球联赛

在成人高等教育"专升本"方面，学院与湖南师范大学、湖南中医药大学、南华大学、湖南农业大学、长沙理工大学、湖南城市学院、湖南文理学院等本科院校合作，涉及专业包括临床医学、护理学、药学、中药学、中医学、针灸推拿学、口腔医学、康复治疗学、预防医学、医学检验学、医学影像学、计算机科学与技术、会计学、工商管理、行政管理、旅游管理、市场营销、经济学、电子商务、汽车类、

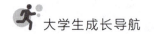

电气工程及其自动化等，现已培养本科毕业生 5000 余人。

学院高度重视毕业生就业工作，立足常德，面向湖南，辐射全国，不断开拓就业市场，对接行业龙头和品牌企业，与 200 多家企业、医院建立合作关系，积极推进校企合作和"订单"培养，毕业生毕业去向落实率一直稳定在 90% 左右，毕业生深受用人单位青睐。

图 1.11　学院举办湘西北地区医药卫生大类 2023 届毕业生校园招聘会

第二章
大学认知

第一节　团学组织

一、团委会

学院团委是中国共产党领导的先进青年的群众组织，是常职青年在实践中学习中国特色社会主义和共产主义的沃土，是学院党的助手和后备军。在学院党委和上级团组织的正确领导下，学院团委以青年团员工作为中心，积极开展大学生思想政治教育、校园文化建设、大学生社会实践、创新创业活动等工作，努力提高大学生的思想政治素质、科技创新意识和实践能力。院团委下设四个部门。

（一）办公室

办公室是院团委信息中枢，是团委内部管理、沟通上下、联系内外的桥梁和纽带，负责信息、档案、行政后勤和接待联系等工作。

（二）组织部

组织部是全院共青团员思想教育、组织建设、干部培养与考核、信息档案注册与管理的职能部门，负责团籍注册、团组织关系转接、团费收缴和团组织统计等工作。

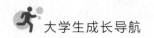

（三）宣传部

宣传部是宣传党团各项教育方针政策、社会发展动态、学院和各系各项活动的重要窗口，由策划部、编辑部、记者站和广播站组成，负责常职青年微信公众号、视频号、学院广播站的管理与运行。

（四）国旗护卫队

国旗护卫队负责国旗班的管理与训练，负责学院日常升旗以及大型活动的组织安排。

二、学生会

学院学生会是在学院党委和上级学联的领导下，在院团委具体指导和帮助下开展学生工作的全院学生群众性组织，以倡导全心全意服务同学为根本宗旨，是学院联系学生的桥梁和纽带。学生会倡导自我服务、自我管理、自我教育，组织开展健康有益、丰富多彩的课外活动和社会服务等。

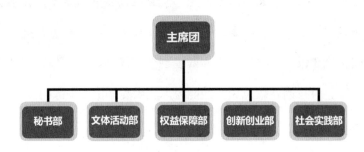

图 2.1　学生会组织架构图

（一）主要任务

（1）高举中国特色社会主义伟大旗帜，以毛泽东思想、邓小平理论、"三个代表"重要思想、科学发展观、习近平新时代中国特色社会主义思想为指导，全面贯彻落实党的二十大和团的十九大会议精神；深入学习和践行社会主义核心价值观，坚持党的基本路线，贯彻执行党的教育方针，学习贯彻全国学联第二十七次代表大会的精神和指示；带领全院学生刻苦学习，努力实践，勇于创新，本着"服务、创新、协作、高效"的工作理念把学生会建设成为"学生之家、干部之校、师生之桥"。

（2）充分发挥桥梁纽带作用，切实做好学院与学生之间的联系沟通工作，维护学生的正当权益，全心全意为广大同学服务。

（3）根据学生特点和学生需求，开展生动活泼、形式多样的学术、科技、公益、文化交流等活动，营造积极向上、品味高雅、具有国际视野的校园文化氛围；加强对来华留学生的服务与联系，并做好中国学生的出国留学服务，全面提高学生的综合素质。

（4）加强各民族同学之间的团结，为维护中华民族的大团结作出应有的贡献。

（5）加强与兄弟院校学生会的交流与合作，相互学习，相互促进，树立学生在社会上的良好形象。

（6）认真完成上级组织布置的工作任务。

（二）学生会部门及职责

1. 主席团

（1）全面主持学生会的日常工作，指导各部开展工作，督导各部门工作情况，统筹各部，协调其间的配合，并及时反映存在的问题。

（2）带领全体学生会干部做好自我管理工作，加强对学生会干部的培养和锻炼，发挥其骨干作用。

（3）定期组织召开院级、系级主席团工作例会，及时向各系学生会主席团传达工作内容。

（4）执行学代会决议、学生会章程；决定学生会机构设置，向常委会提名任命各部门负责人；向学代会报告工作，筹备下届学代会。

（5）审议和决策学生会重大事务，策划和布置学生会各项活动，安排、配合学院大型活动的服务工作。

（6）审核批准和监督落实学生会各部门工作计划，做出每学期学生会整体工作计划和总结。

（7）及时传达学院指示，向指导老师汇报工作。

2．秘书部

（1）按照学生会的工作动态，起草学生会规章制度的原始或修订草案，解释学生会的各项规章制度。

（2）负责学院各项活动相关信息的通知。

（3）负责文件资料及各类档案的整理、各类通讯录等文件的制作。

（4）负责学生会工作报告的整理及各类会议的记录工作；起草学生会学期计划和总结，撰写学生会每月工作总结。

（5）协助主席、副主席协调好各部门工作，跟踪了解并监督学生会各部门的各项工作、活动进展。

3．文体活动部

（1）做好文艺活动策划、组织和执行的工作；组织学生参加各类文化、体育、科技活动，举办各类讲座。

（2）定期组织开展各类可提升学生各项技能的活动，如校园歌手大赛、舞蹈大赛、摄影大赛、电子海报设计比赛等。

（3）根据学院学生实际特点，开展丰富多彩的文娱活动，协助筹办院级大型活动，如迎新晚会、元旦晚会、桃花艺术节等。

4．权益部

（1）为改善学生的生活环境，与学生和学院后勤等部门建立密切联系，及时反映学生在生活方面的合理需求，协助学院改进后勤保障工作，维护学生权益。

（2）组织学生与学院后勤等部门的对话活动，以便提高后勤部门的管理水平，改善学生食宿条件。

（3）与学生进行深入交流，做好困难学生的信息搜集工作，及时向有关部门推荐困难学生参加勤工助学活动。

（4）了解学生生活方面的情况，统计分析本院学生家庭情况，及时上报校学生会备案，并将发现的有关问题向上级相关部门反映，同时协助相关部门妥善解决。

5．社会实践部

（1）组织院内外各项志愿者活动，积极协助青年志愿者联合会完成各项志愿者工作。

（2）负责每年暑期"三下乡"志愿服务活动的策划和组织。

（3）积极拓展志愿服务领域，坚持"走出去、引进来"的战略，加强与各兄弟院系、社会实践基地的交流合作，打造学院志愿者活动的品牌。

6．创新创业部

（1）负责配合学院招生就业处开展大学生创新创业工作。

（2）组织学生参加创新创业的相关竞赛，提升大学生自主创新和创业能力，提高自身专业素质。

（3）邀请校内外创业成功人士开展创业经验交流活动。

（4）制定切实可行的社团工作计划，选择适宜的社团活动。

三、大学生自律委员会

学院大学生自律委员会是学院公开选拔的学生干部队伍，在学院党委领导、学生工作处的指导下，按照章程开展工作。学院大学生自律委员会以"服务学校、服务同学、服务自我"为宗旨，坚持"自我教育、自我服务、自我管理、自我监督"的原则，本着"严以自律、止于至善、德才兼备、精致服务"的精神，参与学院的学生管理工作。

学院大学生自律委员会根据工作需要设立主席团，下设办公室、学风纪检部、勤工助学部、保卫部、劳卫部、体育部六个部门，同时设立宿管委员会、心理委员会两个分支机构。各部门各机构在相互监督、相互配合的前提下开展工作，切实维护广大学生的切身利益。

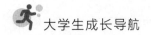

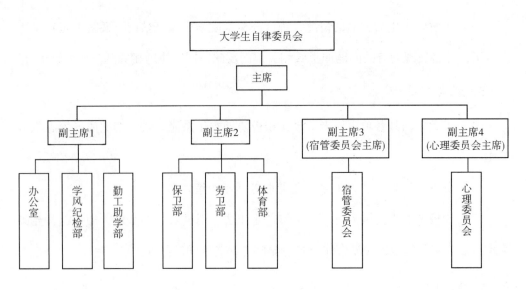

图 2.2　大学生自律委员会组织架构图

（一）主席团

设立主席一名，副主席四名。主持召开自律委员会相关会议，指导、帮助并监督自律委员会各职能部门开展工作；协助学院开展工作，及时传达学院的指示和精神，关注全院学生的思想动态，协调各方面的关系。

（二）办公室

掌握全院大学生自律委员会的基本情况，做好组织协调工作；协助学院开展各类活动，并提前做好准备工作；管理与收发自律委员会相关文件及活动资料。

（三）学风纪检部

协助学生工作处（团委）和图书馆等部门开展学风建设相关活动，营造良好的学习氛围；检查各系学生的晚自习情况，督促学生养成良好的学习习惯。

（四）勤工助学部

积极宣传各类资助政策，开展各类诚信助学活动；协助收集、整理贫困生信息，建立贫困生档案等。

（五）保卫部

协助学生工作处（团委）和后勤保卫处等部门做好安全稳定工作，定期检查校园各处安全情况。

（六）劳卫部

引导和教育学生遵守学院规章制度，促进学生养成良好的生活、卫生习惯；负责检查监督各系教室内外及卫生责任区的卫生情况；负责相关会议室、办公室及各类学生活动场所的卫生安排与落实。

（七）体育部

协助学生工作处（团委）和公共课部等部门开展各类体育赛事，如篮球赛、运动会等；督查学生日常体育活动的开展情况，如学生的乐跑，并及时处理相关问题。

（八）宿管委员会

维护学生宿舍区正常秩序，做好安全防范工作，努力创造和维护安定、团结、健康、文明的生活环境。下设三个职能部门，即秘书部、文化活动部、纪检安全部。

（九）心理委员会

主要负责学院心理健康教育类活动的策划组织，统一管理"四叶草话剧社"和"大学生心理健康协会"两个社团。下设五个职能部门，即秘书部、培训部、外联部、编导部和宣传部。

四、青年志愿者联合会

学院青年志愿者联合会是在院团委领导下，负责组织、管理、服务学院青年志愿者的学生组织，以奉献社会、服务社会、锻炼自我为宗旨，以吸纳广大青年学生参加为基本特征，以促进社会主义道德文明建设为导向，以形式多样的志愿服务为纽带，是一支立足校园、服务社会，并推动学院精神文明建设的青年队伍。学院青年志愿者联合会设立以下四个部门。

（一）办公室

负责全院青年志愿者协会的联络与协调；负责重大会议的召集、秩序维护和会议记录；负责起草或整理日常活动涉及的文字材料；负责做好对日常资料的整理和

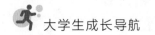

存档；对各志愿者活动经费的申报进行登记、审核与报销工作。

（二）组织策划部

负责代表本机构联系社会福利机构或其他公益团体；负责寻求各社会团体的赞助，为本机构及各系青年志愿者协会筹集相关的公益活动物资；负责志愿者活动的策划与组织。

（三）人力资源部

负责志愿者的招募和培训，根据志愿者特点建设志愿者资源库；发布活动需求；制定评分评价政策，组织实施评分管理，对志愿者进行考核、评奖、评优等工作。

（四）宣传部

负责活动前的宣传及准备工作；开展向校内外宣传青年志愿者联合会宗旨及服务的活动，宣传志愿者的服务精神；负责宣传稿件的撰写和各项活动照片、影像的拍摄等工作。

五、社团联合会

学生社团联合会是全院所有学生社团的管理机构，根据学院的发展方向和总体规划，对全院学生社团进行指导、管理、协调和服务，引导全院社团开展校园文化活动与自我教育素质拓展活动，为校园精神文明建设做贡献。学生社团联合会设立以下四个部门。

（一）办公室

负责审核各社团的活动策划，管理社团活动申请表的盖章流程；负责各社团的注册和年审；负责各社团活动信息的存档与收集；负责各部门假条的制作与审核；负责例会点到与会议记录的撰写等工作。

（二）宣传部

负责社团联合会各项活动的海报设计及文字编辑工作；负责各社团活动海报及条幅的审核工作；负责各社团活动的宣传工作以及社团活动新闻稿的采集和编辑工

作；负责与各社团宣传部保持联络，沟通配合各项工作；负责与各大高校社团联合会的交流联络工作。

（三）活动部

指导各社团有序开展活动，跟踪社团活动的开展情况。

（四）财务部

负责整理与审核社团联合会的财务支出状况，并审核各社团在活动中经费和物品的使用情况；期末统计本学期社团经费的使用情况，并做好下学期每个社团的经费预算。

全院学生社团简介

常德职业技术学院现有 41 个社团，分为思想政治类、学术科技类、创新创业类、文化体育活动类、志愿公益类、自律互助类共六类。思想政治类有模拟政协社团；学术科技类包括中医协会、昆虫协会等 6 个社团；创新创业类包括"药"创协会和创新创业协会 2 个社团；文化体育活动类包括篮球社、足球社、网球社、羽毛球社、健美操社等 25 个社团；志愿公益类包括天使之心社、阳光爱心协会等 5 个社团；自律互助类包括心理健康协会、新闻协会和军事爱好协会 3 个社团。

每年各个社团都会联合举办大学生社团文化艺术节，给大学生提供了丰富的展示平台，让同学们能点亮兴趣、开拓自我。同时，每个社团都有自己的特色活动，比如中医协会的针灸推拿，国风社的国风展，药创社的香囊制作，昆虫社的标本制作，等等，还有很多校园品牌文化活动，如十佳歌手大赛、书法大赛。这些活动陶冶了大学生的情操，丰富了校园文化生活。

兴趣是最好的老师。丰富多彩的社团活动点燃了同学们的激情，激发了同学们的创造力，校园文化也因各具特色的社团而丰富多彩，熠熠生辉！

如果你想了解更多关于青年社团的资讯，欢迎关注"常职青年"公众号！

图 2.3　"常职青年"公众号

图 2.4 "我爱我社团"大学生社团文化艺术节

图 2.5 学生社团走进 2023 年桃花源文化艺术节

图 2.6　学生社团招新现场

第二节　大学学习

一、大学学习概述

（一）学习在于探索、坚持、随时随地

1. 学习在于探索

学习的过程不是简单的重复记忆，而是通过自身的探索和推敲，不断突破以往认识的过程。掌握一定的学习方法，才能获得无穷的乐趣，从而产生强烈的爱好。发挥自己的创造性思维，在学习中不断探索，是增强学习兴趣、提高学习效率的重要手段。

中国有句古话叫"授人以鱼，不如授人以渔"，说的是传授人既有的知识，不如传授人学习知识的方法。道理其实很简单，鱼是目的，钓鱼是手段，一条鱼能解一时之饥，却不能解长久之饥，如果想永远有鱼吃，那就要学会钓鱼的方法。学习知识也是如此，应当掌握学习方法，掌握知识的逻辑联系，方能事半功倍。

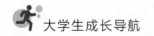

2. 学习在于坚持

冰心曾说："成功的花，人们只惊羡她现时的明艳！然而当初她的芽儿，浸透了奋斗的泪泉，洒遍了牺牲的血雨。"学习是一条漫长而又艰辛的道路，不能靠一时的热情，也不是努力几天就可以的，既然当初选择了开始，就不能半途而废。努力和坚持本就是人生常态。真正对自己负责的人，都在不动声色地坚持。我们需要养成平时坚持学习的习惯，在细微之处不断努力！

3. 学习无处不在

信息化的社会，海量的信息随处可见，如何将海量的信息转为自己的知识储备呢？这需要我们学会筛选各种信息，辨别其好坏，进而将其转化为自己的知识。我们在学习中不能只局限于书本，要跳出固有的思维圈，不断优化自身获取知识的能力。

（二）学习的两个转变

1. 学习主体身份的转变

进入大学，我们会发现迎来了与高中截然不同的生活。用一个形象的比喻来说，高中的你就像是刚刚学走路的孩子，总有人在旁边搀扶着，不停地叮嘱你，那时的你，处于被动状态；而进入大学的你好比刚刚学会走路的孩子，你已经拥有独立行走的能力，也知道自己想去的地方。这两个阶段的转换是很短暂的，所以你需要迅速意识到自己角色的转变，认识到自己的身份不仅是学生，而且是一个独立的人。独立的人做事要有主见，要有想法，更要有担当。

2. 学习内容和学习方式的转变

（1）学习内容。相比高中时完全以书本知识为重心的学习模式，大学的学习内容则要宽泛得多。在这里，你不仅要扎实完成自己专业知识的学习，顺利拿到文凭，更重要的是让自己成长为一个优秀的个体。因此，美好品德的养成、正确价值观的树立，以及表达能力、人际交往能力、组织协调能力的锻炼等都是大学学习的重要内容。

（2）学习方式。大学的学习方式也跟高中存在区别，没有了父母和老师无时无刻的监督，而是更强调自主学习。这意味着，不会有人时刻跟踪你的学习，也不会有人针对性地对你进行辅导，很多时候，你需要自己明确学习目标，制定学习计划，才能更好地完成自己的大学学习任务。

二、大学学习的要求

1. 明确学习目标

常立志者常无志，不改初衷，方可得始终，行动是达到目标最好的方式。在人生的竞赛场上，没有确立明确目标的人，是不容易成功的。许多人并不乏信心、能力、智力，只是没有确立目标或没有选准目标，所以迷失了前进的方向。作为当代的大学生，要给自己设定明确的目标，并朝着目标努力前进，才能到达理想的彼岸。

2. 学会喜欢自己的专业

（1）探索专业领域：了解自己所学专业的相关领域和应用，通过参加学术讲座、研究项目或实习等方式，深入了解专业的前沿知识和应用场景。

（2）培养兴趣爱好：发展与专业相关的兴趣爱好，例如参加学术社团、参与专业竞赛、阅读相关领域的书籍等，通过实际参与和探索，培养对专业的热情和兴趣。

（3）寻找榜样和导师：寻找具有影响力的榜样和专业导师，与他们交流和学习，从他们身上获得专业知识和经验，并受到他们的鼓励和指导。

（4）追求深度学习：培养深度学习的能力，通过阅读专业文献、参与研究项目、进行实验和实践等方式，深度掌握专业知识和技能，提高自己在专业领域的能力水平。

3. 制定科学的学习计划，做时间的主人

大学期间，每学期的课程都很多，需要我们制定合理的学习计划。做事情有计划是合理利用时间的有效途径，这样学习任务能得到最佳的安排，得以高效率地完成。制定科学的学习计划还要善于从不同的角度看问题，善于分析利弊，权衡利弊，找到最佳的解决问题的办法，从而大大节省时间，提高做事效率。

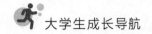

4. 适当排解学习压力

人的根本就是要静静地观察和了解自己内在的思想和意识，反观内心来感受世事。正如南怀瑾所言，我们所感受到的东西，一部分是由于感觉所生的思想和观念，如痛苦、快感、饱暖、饥饿等，都是属于感觉的范围，由它而引发知觉的联想和幻想等活动；一部分是由于知觉所产生的意识思想，如莫名其妙的情绪、郁闷、苦恼、对自己和别人之间所产生的各种事情的不同思维等，当然包括知识学问的思维，以及自己能够观察自己这种心理作用的功能。

人应该知道，自己是有感觉和知觉两部分的思想意识，所以痛苦、快乐也好，莫名其妙、郁闷也好，其实都是我们自己的感觉和知觉的范畴。如果我们愿意放弃这些对思想意识的刻意追逐，去放松自己的身心，适当排解压力，就能更好地学习。

5. 将学习成果运用于实践

实践是检验真理的唯一标准。书本上学到的知识仅仅是理论，而如何将理论付诸实践才是学习中更重要的任务。只有通过社会实践、专业实习等形式，才能将自己所学的知识运用起来，才能真正与社会接轨，从而进一步发现目前学习中存在的问题和需要改进的地方，更大程度地提升学习实效。

三、大学生的学习方法

（一）学习的基本环节

课前预习、课堂听课、课后复习是学习过程中的基本环节。大学生应根据学习过程中的基本环节，明确各环节学习的基本要求，掌握各环节学习的方法，优化学习策略，努力提高学习效率。

1. 学会课前预习

预习对学生的学习非常重要。大学生需养成课前预习的习惯，否则上课吃力，抓不住重点，跟不上教学进度，课后还要花费更多的时间去补课。在预习过程中，自己能解决的问题尽量自己解决，自己不能解决的问题，标记出来，这不仅有助于发现学习中的重点、难点，使学习效果事半功倍，同时也可以提高自己独立解决问题的能力。

具体而言，预习的作用表现在以下几方面。

（1）提高听课效率。

通过预习，大学生对即将要学习的新课能够做到心中有数，知道哪些内容自己能够弄懂，哪些内容自己还没弄懂，这样在听课时，便可集中精力去听那些自己没弄懂的部分。听课变得更有针对性了，就能够抓住课堂学习的重点和难点。

（2）更好地做课堂笔记。

经过预习，大学生记笔记就有了针对性，重点选择那些书本上没有的，教师另外补充的内容以及自己预习时没能理解的部分去记。这样可以节省大量时间用于在听课时思考问题。

（3）预习可以培养学生的自学能力。

预习本身就是一种学习。预习时，大学生要独立地阅读、独立地思考，用自己的方式去发现问题、解决问题，独立地接受新知识。在这个过程中，学生的自学能力会逐步提高。

（4）预习可以巩固学生对知识的记忆。

学生在预习时，对知识已经做了独立思考，听课时就可以进一步加深理解，这样就比单纯依靠听课获得知识的记忆效果好。

2. 学会课堂听课

在大学学习中，听课要注重方法和策略。听课准备工作是否到位，将直接影响听课的质量。通过预习，了解自己是否掌握听课所需要的基础知识，如果发现自己还不具备这种知识基础，便要在听课前及时补上。

积极地回答问题和提出问题。教师在讲解教学内容的过程中，为了激发学生的学习兴趣、调动学生的学习积极性，一方面会向学生提出各种各样的问题，另一方面，也会鼓励学生自己提出问题。对此，学生要积极地回答问题和提出问题。

听课应该注意教师所用的方法。在课堂学习的过程中，不仅要记住教师总结出

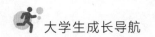

的结论，更应该注意教师得出这个结论所用的思路和方法，甚至要通过积极的思考，找到比老师更好的方法。这样听课效果才好。

听课的过程中，应做好笔记。

3. 学会课后复习

复习是对已学过知识的温习、巩固、系统化和延伸，复习不是简单的机械重复，而是一个系统提高的过程。复习的任务，包括查缺补漏、巩固吸收、系统归纳和浓缩记忆。一提到复习，许多学生会马上想到总复习，把应付考试作为复习的主要目的，这实际上是对复习的片面理解。复习的形式是很多的，如课堂复习、单元复习、期末复习等。

课后复习以消除遗忘、强化记忆为目标，针对老师所留作业，应当先对照课堂笔记与教材进行比较性复习，然后再完成。单元复习是指完成了一章或一组内容后的复习，主要采取比较异同、寻找内在联系、筛选累积的方式进行。期末复习主要是将平时分散学习的知识分门别类地进行分析综合，系统归类的过程。在我们的学习生活中，最宝贵的是课后复习，因为防止遗忘的最有效办法就是及时复习。

（二）利用五个外界资源

（1）营造良好的学习氛围；

（2）充分利用图书馆；

（3）从网络公开课资源中汲取知识；

（4）从中国知网中找学术资源；

（5）学会利用知乎 APP 问问题。

（三）大学生常见的学习困难

大学生在学习过程中可能遇到各种困难，有些困难可能因个体差异、专业性质等因素而异，但以下是一些可能普遍存在的学习困难。

1. 学科理论难度高

大学课程可能包含一些专业性强、理论较为复杂的内容，大学生可能会因为难以理解或掌握而感到困难。

2. 实践操作难度大

部分大学专业涉及实践操作，学生可能面临技能实践操作难度大的情况，需要花费更多时间来熟练掌握相关技能。

3. 学科转变大

有的学生可能在进入大学前接受的是不同方向的教育，因此需要适应新的学科体系和知识框架。

4. 学业压力大

大学生可能需要同时应对多门课程、实习、项目等，学业压力可能较大，时间管理和任务分配成为困扰。

5. 语言障碍

对于一些非英语专业的大学生，可能会面临与专业相关的英语学科或者英文文献的阅读难题。

6. 缺乏学习动力

一些学生可能因为对所学专业兴趣不浓或者缺乏职业规划目标，而感到学习动力不足。

7. 学习方法不当

学生可能没有找到适合自己的学习方法，导致效率低下或者记忆困难。

8. 考试焦虑

部分学生可能对考试感到紧张，影响发挥和成绩。

（四）大学生的学习策略及学习建议

1. 大学生应对学习困难的策略

（1）寻求帮助：主动向老师、同学请教，解决学科上的问题，寻求辅导。

（2）规划学习时间：制定合理的学习计划，包括时间分配和任务优先级，以减

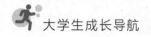
轻学业压力。

（3）提高实践经验：多参与实践项目和实习，提高实际操作技能。

（4）改进学习方法：不断尝试不同的学习方法，找到适合自己的方式。

（5）培养学科兴趣：发现学科的魅力，培养对专业的浓厚兴趣。

（6）参加辅导和培训：参加学科相关的辅导课程或培训，提升自己的学科水平。

（7）面对考试焦虑：采取积极的心理调适方法，比如深呼吸、放松训练等，提高应对考试压力的能力。

通过合理的规划、积极的学习态度和灵活的应对策略，大学生可以克服各种学习困难，更好地适应和应对学校生活。

2. 给大学生的学习建议

大学生可以采用一些具体的学习方法，以提高学习效果和适应专业性较强的学科。以下是一些建议：

（1）制定合理的学习计划：制定每日、每周的学习计划，明确学习目标和时间安排。合理分配时间，确保充足的学习和休息时间。

（2）活用时间管理技巧：学会有效地利用碎片化时间，比如在公交车上、午休时间，进行简单的复习或阅读。使用番茄工作法、时间块等时间管理技巧提高效率。

（3）多角度学习：采用多种学习资源，包括教科书、在线课程、学术文章等。通过不同的角度和方式来理解和掌握知识。

（4）注重实践操作：针对实践性强的专业，要注重实际操作，多参与实习、项目等，提高实际技能。

（5）积极参与课堂：在课堂上积极提问，多与教师和同学互动，加深对知识的理解。课后及时复习所学内容。

（6）建立学习小组：与同学组建学习小组，互相讨论、分享学习心得，通过合作学习加深对知识的理解。

（7）使用记忆技巧：采用适合自己的记忆方法，比如制作思维导图、使用关键词法，提高对知识点的记忆和应用。

（8）定期自测和复习：定期进行自测，检查自己对学过内容的掌握程度，及时进行复习，巩固知识点。

（9）寻求辅导和帮助：在遇到学科难题或困难时，及时向老师、同学或辅导员请教，不要抱有疑虑。

（10）建立职业规划：了解所学专业的职业前景，通过实习和项目经验，逐步明确自己的职业规划方向，为将来的就业做好准备。

（11）注重通识学习：关注公共课学习目标的达成及综合素养的提升，以便更好地应对相关学科要求和职场需求。

这些方法可以根据个人的学科特点和学习风格进行调整，来帮助自己更有效地学习和适应专业性较强的学科。

小贴士：学习计划制定步骤

第一步：目标设定

明确学习目标：确定期望达到的学习目标，包括知识目标、技能目标等。

分解目标：将大目标分解成小目标，便于分阶段实现，每个小目标都要具体明确。

第二步：时间规划

评估可用学习时间：确定每天、每周可用于学习的时间，要考虑到上课、实习、社交活动等，合理评估时间。

制定长期和短期计划：根据学期安排，规划长期计划，再将长期计划分解为每周和每天的短期计划。

第三步：制定每周计划

列出本周任务：根据学习目标，列出本周需要完成的任务，包括课程学习、实习任务、项目进度等。

确定重要截止日期：注意课程作业、考试、项目等的截止日期，确保按时完成。

平衡学科分配：将每门课程的学习时间进行合理分配，确保每个科目都得到足

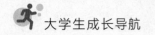

够关注。

第四步：制定每日计划

制定每日任务清单：每天早晨或前一天晚上，列出当天任务清单，包括课程复习、阅读、实践操作等。

设定优先级：给每个任务设定优先级，优先完成最重要或最紧急的任务。

合理分配时间块：将一天分为若干时间块，为每个任务分配固定的时间，避免过于集中或过于分散。

第五步：灵活调整

定期回顾和调整：每周末或月初回顾已完成的任务和学习效果，根据实际情况调整下一周或下一个学习周期的计划。

灵活应对变化：随时调整计划以适应学科难度变化、实习项目需求等的变动，保持灵活性。

第六步：自我激励和奖励

设定奖励机制：在达到一定学习目标后设定一些小奖励，以激励自己更好地执行学习计划。

保持积极心态：对于未完成的任务，不要过于自责，而是寻找原因并调整计划。

补充建议

利用工具：使用时间管理工具，如手机应用或电子日历，提醒任务开始时间和截止日期。

留出弹性时间：在计划中留出一些弹性时间，以应对突发事件或任务完成时间超出预期的情况。

与他人分享计划：与同学、朋友分享学习计划，互相监督和支持。

第三节 大学生活

一、大学生活概述

（一）大学生活的主要任务

掌握获取知识的本领，学会在知识的海洋中畅游，学会在人际交往的环境中游刃有余，学会在文体活动和比赛竞赛的舞台上展现自我，是同学们在大学阶段的主要任务。

（二）大学生活的主题

1. 创新

创造性思维是人类思维的综合，是智力发展的高级表现形式。它是依据各种信息，打破常规、寻求变异、探索多种解决问题的新方法或新途径的思维方式。大学生要凭借自身内在的动力、坚定的信心和顽强的毅力积极地推动自身的创造力。

2. 和谐

和谐是指大学生要遵循自身发展规律，实现自知、尊人，学会求同存异，达到生理与心理的全面和谐发展。

3. 实践

实践是检验真理的唯一标准，理论与实践相统一是马克思主义的一个最基本的原则，任何理论都应接受实践的检验。大学生在校期间不仅接受了科学文化知识的熏陶，也根据自身的需求、兴趣、爱好、特长让自己在丰富多彩的大学生活中不断得到提升与完善。我们应把自己的所学应用于实践，把知识转化为生产力，在服务社会的同时，实现自我价值。

（三）大学生活的主要特征

大学生的生活方式是众多生活方式中比较独特的一种，其具有教育性和社会性

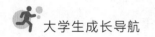

相结合的特点。不同时期的大学生，有着与其时代特征相适应的大学生活。

1. 民主性

民主是以多数决定为原则，同时尊重个人与少数人的权利，它体现了一系列保护自我管理、学术和言论自由的原则和行为方式，也是大学生活中自由精神的体制化表现。大学生们之所以追求民主、渴望民主，根本原因在于民主契合人类自身固有的本性，是对于"平等参与、共同决策"价值精神的提倡与弘扬。

2. 开放性

开放是指学业上和眼界上的开放，并非放任不管。比如邀请各行各业的专业人士在大学校园里做学术讲座，每个从业者从不同的视角为大学生们奉献出不同于课本的知识；参与各种社会实践，如三下乡、挂职锻炼等等。这不仅让大学生的生活更加充实，同时也让他们学有所用，在与社会广泛的接触中得到更多的锻炼。

3. 科学性

大学生活中的学习、实践等都是遵循大学生身心发展的规律和事物的客观规律来进行的。大一，通识类的课程较多，与高中相比较，课程任务明显减少，这一年，重点在于培养学生独立自主的学习习惯和正确的人生观、价值观、世界观，如何利用好课余时间做更多有意义的事情，而不是把时间浪费在玩游戏等方面，是很多新生需要思考的问题。大二，是大学生快速成长成熟的时期，课程任务比较重，此时就需要处理自己的学业和兴趣爱好之间的时间分配问题，有的学生担任学生团体的一些重要职务，此时也需要处理好工作与学习之间的关系。大三，侧重于实习实训和对毕业就业等问题的认知和了解。大学生进入大学后要了解每一个阶段的规律，给自己制定合理科学的目标和计划，这样才能更好地适应大学生活。

二、大学生活的安排

（一）科学的自我定位与评估

怎样才能拥有精彩、充实的大学生活呢？大学生必须对自我有着清晰的认识，对实现自身理想有着强烈的渴望，对大学生活要有合理的规划。

1. 个人兴趣爱好

1）合理分析个人的兴趣爱好

所谓兴趣，是人认识某种事物或从事某种活动的心理倾向。它是以认识和探索外界事物的需要为基础的，是推动人认识事物、探索真理的重要动机。出于兴趣，人会执着于某一活动。在高中阶段，巨大的升学压力可能会让多数学生暂时克制住个人爱好。而大学强调自主成长和自我管理，大学生可以在合理合法的范围内张扬个性，充分地发展兴趣爱好，让大学生活多姿多彩。每一个人都要理性地对待自己的兴趣和爱好，合理规划，积极的兴趣爱好也要在以完成学业任务为前提的情况下去培养和发展。对于不合适的兴趣爱好，要及时停止，如自己无法控制要告诉家人和老师，以便及时干预和疏导，防止产生不良的影响。

2）培养新爱好

大学生进入新的环境，对一切新鲜的事物都会感到好奇，大学校园这个大平台提供给新生们很多的选择和机会。有的学生以前因为学习的压力，有些兴趣爱好没有时间和精力培养。到了大学，可以捡拾以前的兴趣爱好培养，也可以培养新的兴趣爱好。一群志趣相同的朋友们在一起交流，往往会碰撞出智慧的火花。

3）用爱好来疏导自己的情绪

大学生活并不是一帆风顺的，很多时候，我们可能会遇到一些糟心事，这时候，不妨去尝试利用一项兴趣爱好，来暂时地分散、转移注意力，等过了负面情绪的"高峰期"，可能你就会发现问题并没有我们想象的那么难。很多时候，我们可能只是需要利用兴趣，实现一个暂时的"脱离"期而已——这个兴趣可以是唱唱歌，听听音乐，也可以是某项运动，也可以是去看一场自己喜欢的电影，甚至是什么都不干，约上好朋友陪你坐坐，聊聊共同的话题，细细品味大学生活。

2. 发展的三岔口：大学生活中的理性选择

每个人在童年时期都会对自己的未来充满幻想，长大后想当军人、科学家、老

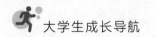

师、医生、演员等等。到了高中填报志愿时，很多人会结合自己的理想和现实选报合适的大学和专业。不同的人生理想会有不同的生活方式，在大学校园里，每一个人为了实现自己的理想，会理性地选择不同的大学生活。

1）学术：静得下心，耐得住寂寞

对大学生而言，做学术研究不是件容易的事情。大学生的知识结构尚不健全，学术研究能力也未形成，因此在决定从事学术研究前一定要认真审视自己的志向、性格和兴趣爱好。你今后是否会从事和所学专业相关的行业？你是不是一个有耐心的人？你所研究的对象是否是你感兴趣的？你在阅读和查阅资料时能否保持专注？一个人要做学问，首先必须能静得下心来，理性思考与研究相关的问题，然后才能有所发现。做学术研究还是一个长期积累的过程，必须持之以恒，厚积薄发。三天打鱼，两天晒网是做不成学问的。即使可能在一瞬间迸发出智慧的灵感，也还要不断地调查、不断地分析、不断地归纳。只有这样才能最终产出厚重的研究成果。如果整天迎来送往，灯红酒绿，忙于物质和感官享受，哪还有时间和心思花在做学问上？怎么可能静下心来思考问题呢？

2）经商：商机无限

中国正处在扩大对外开放、产业升级转型的新时代，各行各业都充满着机遇。如果认为自己对经营感兴趣，可以在学习之余参加与经济、管理、创业相关的社会实践，在了解社会的同时积累经验、创造价值，为毕业后的经商打下一定的基础。

3）从政：为人民服务

我们每一个人都无法脱离社会而独立存在，从社会属性来讲，人是社会中的人。因此，每个人都应承担相应的责任和义务，为他人和社会服务。同时，还必须对自己的行为后果负责。对于我们大学生而言，如果今后想从政，更应该主动承担历史赋予的责任，肩负起建设祖国、振兴中华的重担。"天下兴亡，匹夫有责""先天下之忧而忧，后天下之乐而乐"，无数革命先烈、科学家胸怀祖国和人民，为了报效国家不惜一切代价，为我们树立了光辉的榜样。我们大学生更应该关心国家大事，关心国家和民族的命运和前途。这要求我们做到自觉遵守社会公德；乐于奉献，懂得感恩，回馈社会；忠于职守，诚信办事，恪守职业道德。

（二）大学生活规划

大学阶段是学生成长成才的黄金时期，也是其获取知识、学会做人，以及为走向社会打下基础的关键时期。可以说，大学阶段是一个人发展的新起点。因此，我们一定要珍惜大学阶段，志存高远，脚踏实地，合理规划学习生活，努力把自己锻炼成为德智体美劳全面发展的合格人才。

1. 大一：赢在起跑线

1）用最短的时间熟悉大学的日常生活

大学校园对于新生来讲是一个完全陌生的环境，离开了家人的陪伴，衣、食、住、行、用这些方面都需要自己去了解和适应。大到学校的地理位置，怎样从学校乘车去火车站，小到学校里的食堂在哪里，图书馆离寝室有多远，这些问题都要尽快了解清楚。熟悉环境，是大学新生进校后首先要做的事情。

图 2.7 学生在图书馆读书

2）递交入（团）党申请书

图 2.8　青年马克思主义者培养工程大学生骨干培养班

（1）申请加入中国共产主义青年团的条件有以下两个方面。

一方面是年龄条件。

第一，年龄在 14 周岁以上，28 周岁以下的中国青年。

第二，团员年满 28 周岁，没有担任团内职务，应该办理离团手续。

第三，团员加入共产党后仍然保留团籍，年满 28 周岁，没有在团内担任职务，就不再保留团籍，属于超龄离团，团员证由个人保管。

另一方面是政治条件。

第一，承认团的章程。

第二，愿意参加团的一个组织并在其中积极工作。对于大学生而言就是加入所在班级的团支部，在那里按照团组织的正常计划过组织生活，参加组织活动，完成组织交给的任务，接受组织的教育和监督。团员一旦编入某个支部后，应保持相对的稳定，一般不能随意变动。如果因为特殊原因需要变动的（如转学、升学、就业等），应该凭团员证，及时参加所到地方团组织指定的一个团支部的活动，或参加外出团员组成的临时团支部的生活。

第三，执行团的决议，按期交纳团费。

图 2.9　新团员入团仪式

图 2.10　新团员入团仪式

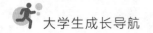

（2）申请加入中国共产党的条件有以下几方面。

第一，年满十八岁的中国工人、农民、军人、知识分子和其他社会阶层的先进分子，承认党的纲领和章程，愿意参加党的一个组织并在其中积极工作、执行党的决议和按期交纳党费的，可以申请加入中国共产党。

第二，中国共产党党员是中国工人阶级的有共产主义觉悟的先锋战士。中国共产党党员必须全心全意为人民服务，不惜牺牲个人的一切，为实现共产主义奋斗终身。中国共产党党员永远是劳动人民的普通一员。除了法律和政策规定范围内的个人利益和工作职权以外，所有共产党员都不得谋求任何私利和特权。

3）熟悉学生组织与社团

共青团是中国共产党领导的先进青年的群团组织，是广大青年在实践中学习中国特色社会主义和共产主义的学校，是中国共产党的助手和后备军。高校共青团组织以其鲜明的政治属性、天然的青年特征和自身的群众属性，毋庸置疑地承担起校园精神文明建设的主体工作这一历史使命。学生社团是指学生为了实现会员的共同意愿和满足个人兴趣爱好的需求，自愿组成并按照其章程开展活动的群众性学生组织。学生社团是高校校园文化建设的重要载体，是第二课堂的引领者。

图 2.11　音乐思政课

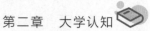

图 2.12　红色宣讲团外出调研

　　每年新生入学后，学生团体组织也开始了新一轮的招新。各类招新宣传铺天盖地。面对各种令人眼花缭乱的学生团体组织，新生到底应该如何选择适合自己的学生团休呢？以下是几项须把握的原则。

　　（1）根据兴趣爱好做出选择。

　　学生团体有很多，不是所有的都适合自己。选择学生团体时首先要考虑自己擅长什么和对什么感兴趣。每个人的兴趣爱好是不同的，如此多的学生团体，只要感兴趣，你总能找到最适合自己的一个。以兴趣出发，选择自己喜欢的学生团体，结交一群志趣相投的朋友，为大学生活增加快乐。

　　（2）了解你所要加入的学生团体。

　　宣传单上华丽的辞藻会吸引你，但不足以让你充分地了解学生团体，你可以就你关心的问题向学生团体的成员提问，与学长面对面交流，或查阅网站和公众号，了解活动信息，等等。

　　（3）选择时避免草率。

　　在大学，学习永远是第一的。学生团体活动虽然是丰富多彩的，但要尽量避免与正常的学习相冲突。参加了学生团体，就需要组织活动、参加会议、参与实践服

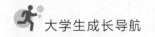

务，这些都需要花费你很多精力。在学生团体的选择上，不仅要从兴趣考虑，还要知道你参与的目的，有自己的规划，不能盲目地参加团体。在选择学生团体时，要综合多方面的因素和条件，考虑清楚后再做决定，切不可草率。一旦选择了某个团体，不要浅尝辄止，半途而废，而是应该认真去做好团队的每一项工作，坚持到底。

2. 大二：万丈高楼平地起

到了大二阶段，基本上已经适应了校园生活。班级、宿舍、社团组织，老师、同学、朋友等都已经完全熟悉。这时候，对于大学生活要有进一步的规划。

1）积极参加竞赛

在蓬勃发展的各学科教学过程中，有一种现象进入我们的视野：近年来，各种赛事竞相涌现。其主办单位上至国家部委、中央电视台，下至各高等学校。这些赛事的范围、规模、对象等因竞赛内容和类型不同而不同。这些竞赛为展现大学生自身专业素质和综合能力提供了很好的平台，同时也为大学生锻炼自身能力，提升核心竞争力，培养自信心提供了绝好的机会。如果在这些竞赛中取得了令人骄傲的成绩，不仅为大学期间的评优评奖奠定了基础，甚至对今后的专升本、实习、就业也会产生重要的影响。

2）读书破万卷

大学阶段是人们求知的转型期，大学教育在一定程度上是通才教育基础上的专才教育。与中学的教学相比，大学的通识课程在教学内容、授课方式和学习环境等方面有着诸多不同。因此，大学新生进校后要以科学的态度和方法进行学习，尽快适应变化，拓展知识广度和深度，培养人文素养、批判性阅读能力、定量和定性推理能力、科学分析能力和创新性解决实际问题的能力。所谓"读书破万卷"，是指大学生需要阅读大量的历史、政治、经济、新闻、军事等方面的书籍，才能够建立不同学科领域之间的联系。大量的阅读是大学生活所必不可少的。

3. 大三：超越自我

进入高年级阶段，大学生活已经轻车熟路了，刚进校时的激情和好奇可能逐渐消退，随之而来的是对自己未来的思考。这时需要做的是克服懒惰，超越自我，为

图 2.13　学院第 15 届"挑战杯"大学生课外学术科技作品竞赛

未来步入职场做好准备。

1）坚持体育锻炼

体育运动是保持人体机能，并使体能处于最佳状态，增强体质的有效手段。在人的一生中都必须选择不同的锻炼形式和内容，以增强体质，延缓生命衰老，因而进行终身体育锻炼是保证身体健康的有效方式。大学体育教学任务的最后一个阶段，是培养大学生终身体育思想的关键阶段，也是培养大学生终身体育意识的关键环节。为了更好地适应职场生活，每一位大学生应该养成良好的作息习惯，坚持体育锻炼，增强体魄，为适应社会打下坚实基础。

2）坚持社会实践

社会实践是引导大学生走出校门，深入基层、群众、实际，开展教学实践、专业实习、社会调查、志愿服务、勤工助学等活动。社会实践活动能使大学生在实践中磨炼意志，增长才干，完善知识结构，提高思想认识水平，树立正确的世界观、人生观和价值观。在社会实践中，大学生要同不同身份的人打交道。这些人中既有活动伙伴，又有社会群众和指导老师。在这种情况下，学会与同学分工合作，与老师、群众配合学习，恰当地处理人际关系，融洽地与他人相处就显得尤为重要。而

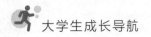

实践场所正好成为考验大学生品性修养的好环境，实践活动也为大学生今后步入职场奠定了坚实的基础。

图 2.14 "院庆杯"足球赛

图 2.15 大学生"三下乡"暑期实践活动

图 2.16　大学生"三下乡"暑期实践活动

3）步入社会前的思考

离开学校前的一段时间，对于没有专升本深造计划的学生来讲，最重要的就是思考如何找工作，如何做好职业规划，开始人生新的阶段。

图 2.17　就业招聘会

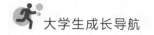

（三）大学生应具备的能力和素质

能力就是人们顺利有效地完成某种活动的较稳定的本领，或是人们提出问题、分析问题、解决问题的本领，包括用脑、动手本领。能力培养则是对能力的发现、挖掘、补充和提升的过程。大学生需要提高的能力素质包括：适应能力、交际能力、组织管理能力、动手能力、竞争能力、创新能力、团队协作能力等。

图 2.18　勇敢表达自己的观点

（四）培养公民意识，做优秀大学生

公民意识是指公民个人对自己在国家中地位的认识，它既包括公民对其享有法律规定的权利义务和责任的认识，还包括公民对其在国家中的法律地位和政治地位的自我认识。作为社会未来的中流砥柱，大学生具有较高的知识文化素质，将担负起实现法治中国的重要任务和神圣使命，而大学生的公民意识，将直接影响到现代民主法治理念的提升和法治社会的发展，也将对法治中国目标的实现起到非常关键的作用。因此，大力加强大学生的公民意识培养至关重要。

1. 增强担当意识，树立为民族复兴努力奋斗的理想信念

大学生在校期间要随时关注社会热点，关注社会弱势群体生存状态，关注国家

大政方针政策，明辨是非；要明确公民在国家中的地位，并对个人与国家、社会的关系有明确的认识；树立"天下兴亡、匹夫有责"的观念，真正形成公民意识和独立人格。公民主体意识的确立，有助于公民树立主人翁思想，并自觉自发地关心国家和社会的发展，有助于青年一代怀揣对国家和社会的极大热情，形成巨大的动力参与国家和社会事务的管理，从而促进现代民主法治国家的形成，促进国家的发展和社会各项事业的进步。

2. 增强责任意识，提高社会认同感

大学生进入大学后，就从对父母、家庭的依赖中走出来，在面向社会发展的过程中，需要寻求新的归属，包括对群体、他人的归属，对社会、国家的归属。大学生要从历史逻辑的高度，对中华民族发展的规律和趋势有一定的认识和把握，认识中华民族的命运与未来，把感性的、不稳定的爱国心理上升为理性的、坚定的爱国信念，对社会上的不良现象、不正之风要有鉴别能力，与校园内的旷课、迟到、考试作弊等违反校纪校规的现象做坚决斗争；在国家利益受到侵害时能够义不容辞，做到挺身而出，在国家文化受到歧视时，能够对国家的发展自愿地担负起应该承担的社会责任。

3. 增强集体意识，培养团队合作能力

团队协作精神是现代人才综合素质的最集中体现，也是人的社会属性在当今社会中的重要体现。随着社会分工的细化和要求的不断提高，靠个人努力完成一项工作愈发困难。现在，用人单位一般都把个人能力和团队精神作为人才引进的两个重要评估标准，而后者则显得更加重要。学校的集体生活为大学生们提供了展示自我的大舞台，同学们可以从中锻炼自己的人际交往和实践能力，培养集体意识和团队精神。因此，大学生在刻苦学习本领、提高自身能力的同时，一定要学会团队合作，善于通过合作取得成功。

第三章
学院管理制度

第一节　学院管理

常德职业技术学院章程

（2023 年修订）

序　言

常德职业技术学院是由原常德农业学校、常德卫生学校、常德机电工程学校合并组建的公办普通高等学校，2003 年 4 月由湖南省人民政府批准成立。2005 年 5 月，常德市第三人民医院并入，成为学院附属第一医院。学校的办学历史可追溯到 1905 年（清光绪三十一年）在长沙建立的湖南农业学堂，后历常德农业学校、常德卫生学校、常德机电工程学校的建立和发展。

长期以来，学院立德育人、勤谨治学、德技双修，职业教育的探索和实践传承至今，为国家建设特别是常德地方经济社会的建设和发展做出了重要贡献。

学院遵循高等职业教育规律，服务地方经济社会发展，坚持"育人为本，崇实重用"的办学理念，恪守"砺志，笃学，厚德，创新"的校训，坚持内涵发展，不断提高人才培养质量，立足常德、面向湖南、辐射全国，致力于建设特色鲜明、省内一流、国内知名的高等职业院校。

第一章 总 则

第一条 为保障学院依法办学、规范学院管理，依据《中华人民共和国教育法》《中华人民共和国高等教育法》《中华人民共和国职业教育法》等法律，结合学院实际，制定本章程。

第二条 学院名称为常德职业技术学院，简称"常德职院"。学校英文名称为 Changde Vocational Technical College。

第三条 学院住所为常德市武陵区人民路 4253 号。学院网址是 www.cdzy.cn。

第四条 学院由湖南省人民政府举办，由常德市人民政府主管，业务管理部门为湖南省教育厅。

第五条 学院是实施高等职业技术教育具有独立法人资格的非营利性事业单位，依法享有民事权利，承担民事责任。

院长为学院的法定代表人。

第六条 学院举办者和主管者依法提供和保障学院的办学条件，任命学院负责人；指导并监督学院贯彻国家法律法规及对国有资产与经费的使用；尊重学校的独立法人地位和办学自主权，保障学院在办学过程中不受校外任何组织、机构和个人的非法干预；完善学院教育经费投入机制，保障学院办学经费的稳定投入。

第七条 学院坚持以马克思列宁主义、毛泽东思想、邓小平理论、"三个代表"重要思想、科学发展观、习近平新时代中国特色社会主义思想为指导，增强"四个意识"、坚定"四个自信"、做到"两个维护"，全面贯彻党的基本理论、基本路线、基本方略，全面贯彻党的教育方针，坚持教育为人民服务、为中国共产党治国理政服务、为巩固和发展中国特色社会主义制度服务、为改革开放和社会主义现代化建设服务，坚守为党育人、为国育才，培养德智体美劳全面发展的社会主义建设者和接班人。

第八条 学院以服务地方经济社会发展为宗旨，不断创新体制机制，提升服务能力和水平，适应产业、对接产业、提升产业。坚持立德树人，提高教育教学水平，保障人才培养质量。

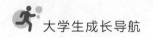

第九条　学院实行中国共产党常德职业技术学院委员会（以下简称学院党委）领导下的院长负责制，推行教授治学，实行民主管理。

第十条　学院坚持依法自主办学，以章程为统领，建立完善校内各项规章制度，形成健全、规范、统一的制度体系。

第二章　职能与任务

第十一条　学院以人才培养为中心，开展教育教学、科学研究、社会服务、文化传承创新和国际交流合作。

第十二条　学院坚持综合型高职院校的办学定位，科学合理地组织和优化配置教学资源，培养适应岗位需求的高素质技术技能人才，服务地方经济社会发展。

第十三条　学院依法按照学院章程管理学院，制定并组织实施学院发展规划，开展人才培养活动。

第十四条　学院根据社会需求和学院办学条件，自主设置与调整学科专业。学院目前设置医药卫生、食品药品与粮食、装备制造、农林牧渔、土木建筑、财经商贸、电子与信息、交通运输等专业大类。

第十五条　学院根据社会需求和学院实际，自主制定招生章程、招生方案和各专业招生计划。

第十六条　学院根据人才培养目标，自主组织实施教育教学活动，选编教材，制定人才培养方案，建立健全教育教学质量监控体系，保证人才培养质量。

第十七条　学院主要开展专科教育层次的高等职业教育，实施学历教育、大力开展继续教育、社会培训，统筹开展国际交流与合作。

第十八条　学院注重科技服务，做好产品研发、技术革新和科技咨询，为地方产业发展提供人力与智力支撑。

第十九条　学院引领和带动本地区职业教育的改革和发展，积极参与现代职业教育体系建设。

第二十条　学院依法对完成学业的受教育者颁发学历证书，指导和促进毕业生就业创业，不断提高就业创业率和就业创业质量。

第二十一条 学院依法与其他教育科研机构、企事业单位、社会团体开展联合办学和合作办学，按照国家有关规定，自主开展国际交流与合作、自主招收国外留学生。

第二十二条 学校坚持中国特色社会主义文化发展道路，积极推进文化传承与创新，倡导社会主义核心价值观，以先进文化引领人才培养、科学研究和社会服务。

第三章　治理结构

第一节　学院党委

第二十三条 学院党委统一领导学院工作，履行党章等规定的各项职责，承担管党治党、办学治校主体责任，把方向、管大局、作决策、抓班子、带队伍、保落实。支持院长依法独立负责地行使职权，保证以人才培养为中心的各项任务的完成。

党委的主要职责是：

（一）宣传和执行党的路线方针政策，宣传和执行党中央以及上级党组织和本组织的决议，坚持社会主义办学方向，依法治校，依靠全校师生员工推动学校科学发展，培养德智体美劳全面发展的社会主义建设者和接班人。

（二）坚持马克思主义指导地位，组织党员认真学习马克思列宁主义、毛泽东思想、邓小平理论、"三个代表"重要思想、科学发展观、习近平新时代中国特色社会主义思想，学习党的路线方针政策和决议，学习党的基本知识，学习业务知识和科学、历史、文化、法律等各方面知识。

（三）审议确定学校基本管理制度，讨论决定学校改革发展稳定以及教学、科研、行政管理中的重大事项。

（四）领导学校思想政治工作和德育工作，落实意识形态工作责任制，维护学校安全稳定，促进和谐校园建设。

（五）加强学院文化建设，发挥文化育人作用，培育良好校风学风教风。

（六）按照党要管党、全面从严治党要求，加强学校党组织建设。落实基层党建工作责任制，发挥学校基层党组织战斗堡垒作用和党员先锋模范作用。

（七）履行学校党风廉政建设主体责任，领导、支持内设纪检组织履行监督执

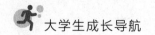

纪问责职责，接受同级纪检组织和上级纪委监委及其派驻纪检监察机构的监督。

（八）领导学校群团组织、学术组织和教职工代表大会。

（九）做好统一战线工作。对学校内民主党派的基层组织实行政治领导，支持其依照各自章程开展活动。支持无党派人士等统一战线成员参加统一战线相关活动，发挥积极作用。加强党外知识分子工作和党外代表人士队伍建设。加强民族和宗教工作，深入开展铸牢中华民族共同体意识教育，坚决防范和抵御各类非法传教、渗透活动。

（十）讨论决定其他事关师生员工切身利益的重要事项。

第二十四条 党委书记主持党委全面工作，负责组织党委重要活动，协调党委领导班子成员工作，督促检查党委决议贯彻落实，支持院长开展工作。

第二十五条 学院党委实行以下议事规则：

（一）学院党委会实行民主集中制，健全集体领导和个人分工负责相结合的制度。凡属重大问题都要按照集体领导、民主集中、个别酝酿、会议决定的原则，由党委会集体讨论决定；班子成员根据集体的决定和分工，切实履行自己的职责。

（二）党委会议由党委书记召集并主持，党委副书记、党委委员参加，党委书记不能参加时可由党委书记委托党委副书记召集并主持。不是党委委员的学院行政领导班子成员和党办主任列席会议。根据需要，有关部门（单位）主要负责人可列席会议。

（三）党委会议必须有半数以上党委委员出席方能召开；讨论决定干部任免等重要事项时，应有三分之二以上党委委员到会方能召开。

（四）党委会议议题由学院领导班子成员提出。议题提出后，有关领导应事先组织相关职能部门负责人，就提出的议题做好充分调研和论证，提出具体建议或备选方案。党委会召开之前，党委委员应就重要议题充分交换意见。对干部任免建议方案，在提交党委会议讨论决定前，应在党委书记、院长、副书记、分管组织工作院领导、纪委书记等范围内进行充分酝酿。有关教学、科研、行政管理工作等议题，应在会前听取院长意见，意见不一致的议题暂缓上会，待进一步交换意见，取得共识后再提交党委会讨论。涉及多个部门、单位的重要议题，应在调查研究的基础上提出建议方案，经院领导班子成员沟通酝酿且无重大分歧后提交会议讨论。议题涉及与会人员本人及其亲属的，本人必须回避。

（五）党委会应按事先确定的议题进行，无特殊情况，不在会上临时动议；涉及议题的主管院领导不能出席会议时，一般情况下该议题缓议。重大突发事件和紧急情况下不能及时召开党委会会议决策的，党委书记、副书记或者党委会其他委员可以临机处置，事后应当及时向党委会报告并按程序予以确认。

（六）党委会执行民主集中制，按照少数服从多数的原则做出决策，党委书记（或会议主持人）应当最后表态。讨论决定重要事项时，采取表决制，以超过应到会委员人数的半数同意为通过。会议表决时可视情况采取口头、举手、票决的表决方式。

（七）党委会形成的决议（决定），以党委会议纪要下达相关部门、单位贯彻落实。

（八）会议决定的事项，按照集体领导、分工负责的原则，由分管领导负责落实。由于情况变化而不适宜或不可能按原决议执行时，一般应提交党委会复议；紧急情况下需临时调整原决议的，可由党委书记征求副书记或分管领导意见后调整，但应在下次会议上通报情况。对不执行或擅自改变党委集体决定而造成不良后果、泄露会议敏感内容或保密内容的，将追究相关人员的责任。

第二十六条 中国共产党常德职业技术学院纪律检查委员会是党的基层纪律检查委员会，由学院党员代表大会选举产生，是党内监督专责机关，在学院党委和上级纪委双重领导下进行工作，履行监督执纪问责职责。

主要任务是：

（一）维护党章和其他党内法规，检查党的路线方针政策和决议的执行情况，协助学院党委推进全面从严治党、加强党风建设和组织协调反腐败工作。

（二）经常对党员进行遵守纪律的教育，作出关于维护党纪的决定。

（三）对学院各级党组织和党员领导干部履行职责、行使权力进行监督，受理处置党员群众检举举报，开展谈话提醒、约谈函询。

（四）检查和处理学院各级党组织和党员违反党章和其他党内法规的比较重要

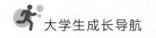

或者复杂的案件，决定或者取消对这些案件中的党员的处分，进行问责或者提出责任追究的建议。

（五）受理党员的控告和申诉，保障党员权利不受侵犯。

学院纪委应当严格按照职责权限和工作程序处理违犯党纪的线索和案件，把处理特别重要或者复杂案件中的问题和处理结果，向同级党委和上级纪委报告。

第二节 院 长

第二十七条 院长是学院行政的主要负责人，在学院党委领导下，贯彻党的教育方针，组织实施学院党委有关决议，行使高等教育法、职业教育法等规定的各项职权，全面负责学院行政管理工作。

院长的主要职权是：

（一）组织拟订和实施学院发展规划、基本管理制度、重要行政规章制度、重大教学科研改革措施、重要办学资源配置方案。组织制定和实施具体规章制度、年度工作计划。

（二）组织拟订和实施学院内部组织机构的设置方案。按照国家法律和干部选拔任用工作有关规定，推荐副院长人选，任免内部组织机构的负责人。

（三）组织拟订和实施学院人才发展规划、重要人才政策和重大人才工程计划。负责教师队伍建设，依据有关规定聘任与解聘教师以及内部其他工作人员。

（四）组织拟订和实施学院重大基本建设、年度经费预算等方案。加强财务管理和审计监督，管理和保护学校资产。

（五）组织开展教学活动和科学研究，创新人才培养机制，提高人才培养质量，推进文化传承创新，服务国家和地方经济社会发展，把学校办出特色、争创一流。

（六）组织开展思想品德教育，负责学生学籍管理并实施奖励或处分，开展招生和就业工作。

（七）做好学院安全稳定和后勤保障工作。

（八）组织开展学院对外交流与合作，依法代表学院与各级政府、社会各界和境外机构等签署合作协议，接受社会捐赠。

（九）向党委报告重大决议执行情况，向教职工代表大会报告工作，组织处理教职工代表大会、学生代表大会、工会会员代表大会和团员代表大会有关行政工作的提案。支持学院各级党组织、民主党派基层组织、群众组织和学术组织开展工作。

（十）履行法律法规和学院章程规定的其他职权。

第二十八条　学院院长主持院长办公会议。院长办公会议是学院行政议事决策机构，是院长行使职权的重要形式，主要研究提出拟由党委讨论决定的重要事项方案，具体部署落实党委决议的有关措施，研究处理教学、科研、行政管理工作。

院长办公会议议事规则：

（一）院长办公会议由院长召集和主持，院长不能参加时，可委托副院长召集和主持。会议成员为学院行政领导班子成员；根据需要，相关部门（单位）主要负责人、教师代表、学生代表可列席会议。

院长办公会议至少应有半数以上成员出席方能召开，研究或决定某一问题时，分管院领导应到会。

院长办公会是学院行政经常性例会，可定期或不定期召开。

（二）院长办公会议按照院长的职权范围确定议题。会议议题由会议成员提出，院长确定。议题提出后，有关领导应事先组织有关职能部门负责人，做好调研和论证，提出具体建议或备选方案。重要议题应在会前听取党委书记意见，意见不一致的议题暂缓上会；涉及多个部门、单位的重要议题，应在会议成员沟通酝酿且无重大分歧后提交会议讨论决定。

（三）院长办公会议应按事先确定的议题进行，无特殊情况，不在会上临时动议；因特殊情况须经院长同意；涉及议题的分管院领导不能出席会议时，一般情况下该议题缓议。

（四）院长（或会议主持人）对议题在充分讨论的基础上作出决议（决定）；意见分歧较大时，一般暂缓作出决定，待进一步调查研究后提交下次院长办公会议讨论。会议决定的事项，按照集体领导、分工负责的原则，由分管院领导负责组织落实。

（五）院长办公会议形成的决议（决定）以院长办公会议纪要下达相关部门、单位贯彻落实；需要在全院范围内告知的内容，在校园内部网上公布。

（六）由于情况变化而不适宜或不可能按原决议执行时，经院长同意，可提请院长办公会议复议；紧急情况下需临时调整原决议的，可由院长征求有关院领导意见后进行调整，下次院长办公会议上通报。

（七）对不执行或擅自改变决议（决定）并造成不良后果、泄露会议敏感内容或保密内容，造成不良影响的，应追究相关人员的责任。

第三节 学术委员会

第二十九条 学院设立学术委员会。学术委员会是校内最高学术机构，统筹行使学术事务的决策、审议、评定和咨询等职权。学术委员会主要行使以下职责：

（一）学院下列事务决策前，提交学术委员会审议，或者交由学术委员会审议并直接做出决定：专业及教师队伍建设规划，科学研究、对外学术交流合作等重大学术规划；自主设置或者申请设置专业；学术机构设置方案，协同创新机制的建设方案；专业建设的资源配置方案；教学科研成果、人才培养质量的评价标准及考核办法；学历教育的培养标准、人才培养方案、招生的标准与办法；学校教师职务聘任的学术标准与办法；学术评价、争议处理规则，学术道德规范；学术委员会专门委员会组织规程，学术分委员会章程；学院认为需要提交审议的其他学术事务。

（二）学院实施以下事项，涉及对学术水平做出评价的，由学术委员会或者其授权的学术组织进行评定：学院教学、科学研究成果和奖励，对外推荐教学、科学研究成果奖；人才引进岗位人选、人才选拔培养计划人选、名誉（客座）教授聘任人选，推荐国内外重要学术组织的任职人选；自主设立各类学术、科研基金、科研项目以及教学、科研奖项等；需要评价学术水平的其他事项。

（三）学院做出下列决策前，通报学术委员会，由学术委员会提出咨询意见：制订与学术事务相关的全局性、重大发展规划和发展战略；学院预算决算中教学、科研经费的安排和分配及使用；教学、科研重大项目的申报及资金的分配使用；开展中外合作办学、赴境外办学，对外开展重大项目合作；学院认为需要听取学术委员会意见的其他事项。

学术委员会对上述事项提出明确不同意见的，学院应当做出说明、重新协商研究或者暂缓执行。

（四）学术委员会按照有关规定及学院委托，受理有关学术不端行为的举报并进行调查，裁决学术纠纷。

学术委员会调查学术不端行为、裁决学术纠纷，应当组织具有权威性和中立性的专家组，从学术角度独立调查取证，客观公正地进行调查认定。专家组的认定结论，当事人有异议的，学术委员会应当组织复议，必要的可以举行听证。

对违反学术道德的行为，学术委员会可以依职权直接撤销或者建议相关部门撤销当事人相应的学术称号、学术待遇，并可以同时向学校、相关部门提出处理建议。

（五）处理其他应当提交学术委员会审议、决策、咨询、评定的事项。

第三十条　学术委员会组成规则：

（一）学术委员会由学院不同学科、专业的高级专业技术职务人员组成，人数为 15~29 名之间的单数，其具体分配与学院的学科、专业设置相匹配。担任学院及职能部门党政领导职务的委员，不超过委员总人数的 1/4；不担任党政领导职务及系部主要负责人，不少于委员总人数的 1/2。学院根据需要聘请校外专家及有关方面代表，担任专门学术事项的特邀委员。

（二）学术委员会委员经民主推荐、民主选举的方式和程序确定，公开公正遴选候选人。学术委员会委员应当遵守宪法法律，学风端正、治学严谨、公道正派，学术造诣高，在本学科或者专业领域有良好的学术声誉和公认的学术成果，有参与学术议事的意愿和能力。

特邀委员由院长、学术委员会主任委员或者 1/3 以上学术委员会委员提名，经学术委员会全体会议通过后确定。

（三）学术委员会委员由院长聘任。学术委员会委员实行任期制，任期 5 年，可连选连任，但连任最长不超过 2 届。学术委员会每次换届时，连任的委员人数不高于委员总数的 2/3。

（四）学术委员会设主任委员 1 名，副主任委员若干名，由学术委员会全体会议选举产生。

（五）学术委员会根据需要可设立若干专门（专业）委员会，并授权各专门（专业）委员会具体承担学科建设、学术评价、学术发展和学风建设相关职责和学

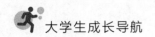

术事务。各专门（专业）委员会人数为不超过 15 人的单数，专门（专业）学术委员会设主任一名，委员若干名。

（六）学术委员会委员在任期内因健康、退休及职务变动等原因不能履行职责，怠于履行委员职责或者违反委员义务，有违法、违反教师职业道德、学术不端行为，或因其他原因不能或不宜担任委员职务的，经学术委员会全体会议讨论决定，可免除或同意其辞去委员职务。

第三十一条 学术委员会运行规则：

（一）学术委员会实行例会制度，每学期至少召开 1 次全体会议，由学术委员会委员或其委托的副主任委员召集并主持。学术委员会委员全体会议应有 2/3 以上委员出席方可举行。

学术委员会可授权专门委员会处理专项学术事务，履行相应职责。

（二）学术委员会会议议题由秘书处收集整理，报请主任委员审定，确定议题后通知与会委员；如确需听取委员咨询意见的议题，事先将有关资料发至每位委员；经与会 1/3 以上委员同意，可以临时增加议题。

（三）学术委员会议事决策实行少数服从多数的原则，重大事项应当有与会委员的 2/3 以上同意，方可通过。

（四）学术委员会审议或者评定的事项与委员本人及其配偶或直系亲属有关，或者具有利益关联的，相关委员应当回避。

（五）学术委员会会议可以根据议题，设立旁听席，允许学院相关职能部门、教师及学生代表，或者校外有关专家列席旁听。

（六）学术委员会建立年度报告制度，每年度对学院整体的学术水平、学科发展等进行全面评价，提出意见和建议；对学术委员会的运行及履行职责的情况进行总结。

（七）学术委员会委员须对学术委员会会议上讨论的事项严格保密。

第三十二条 学术委员会秘书处设在学院科技处，负责学术委员会日常工作。

第四节　教职工代表大会

第三十三条 学院教职工代表大会（以下简称教代会）是学院教职工依法参与

学院民主管理和监督的基本形式，在学院党委领导下开展工作。学院建立和完善教代会制度。

教代会的职权是：

（一）听取学院章程草案的制定和修订情况报告，提出修改意见和建议。

（二）听取学院发展规划、教职工队伍建设、教育教学改革、校园建设以及其他重大改革和重大问题解决方案的报告，提出意见和建议。

（三）听取学院年度工作、财务工作、工会工作报告以及其他专项工作报告，提出意见和建议。

（四）讨论通过学院提出的与教职工利益直接相关的福利、校内分配实施方案以及相应的教职工聘任、考核、奖惩办法。

（五）审议学院上一届（次）教代会提案的办理情况报告。

（六）按照有关工作规定和安排评议领导干部。

（七）通过多种方式对学院工作提出意见和建议，监督学院章程、规章制度和决策的落实，提出整改意见和建议；

（八）讨论法律法规规章规定的以及学院与学院工会商定的其他事项。

教代会的意见和建议，以会议决议的方式做出。

第三十四条　教职工代表以系（部）、处室、部门为单位，由教职工直接选举产生，代表的构成应具有广泛性和代表性，其中，从事教学、科研的代表不得低于代表总数的60%，青年教职工、女教职工以及民主党派等在代表中应占适当比例。教代会代表实行任期制，任期5年，可以连选连任。代表受原选举单位教职工的监督，必要时原选举单位可以依照规定的程序撤换、更换或补选本单位的代表。

第三十五条　学院教代会每届届期为5年，期满进行换届选举。每年至少召开一次全体代表大会。教代会闭会期间遇有必须处理的重大事项，经学校党委或者1/3以上教代会代表提议，可以临时召开教代会全体代表大会。

第三十六条　学院制定教代会章程。教代会按照其章程开展工作。

第五节　群团组织

第三十七条　中国教育工会常德职业技术学院委员会是学院党委和上级工会组

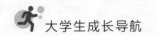

织领导下的教职工自愿参加的群众组织，是教代会的工作机构，履行维护教职工合法权益的基本职责，依照法律规定通过教代会或其他形式，组织职工参与本单位的民主管理和监督，按照法律和工会章程开展工作、履行职责。

学院在二级单位建立工会分会组织。

第三十八条 中国共产主义青年团常德职业技术学院委员会在学院党委和上级团组织的领导下，加强思想政治工作，坚持服务青年，不断提高青年的思想道德素质和科学文化素质。

学院共青团按照《中国共产主义青年团章程》开展工作、履行职责。

第三十九条 学院学生代表大会是在院党委领导和院团委指导下的学生自我教育、自我管理、自我服务，参与学院民主管理和监督的重要组织形式，代表全院学生的意志，维护全院学生的利益。

学院鼓励、支持和保障学生参与学院的民主管理和监督，支持和保障学生代表大会及其选举产生的学生会按照其章程开展活动。

第四十条 学院设立学生工作委员会，半数委员由学生担任。学院支持学生直接参与学校民主管理，通过听证会、座谈会等形式，鼓励学生对学校的工作提出意见和建议。

《常德职业技术学院学生工作委员会工作条例》另行制定。

第四十一条 院内各民主党派、无党派人士依据法律和各自章程开展活动，参与学院民主管理。

第六节　校务监察委员会

第四十二条 学院设校务监察委员会，主任由学院纪委书记兼任，成员由院纪委委员代表、民主党派代表、教职工代表、学生代表组成。

监察委员会对学院机构及人员实施监察，主要履行下列职责：

（一）检查学院机构及人员在遵守和执行学院规章制度和决定中的问题，并向校方提出处理和改进的建议。

（二）检查学院机构及人员的履职情况，对相关问题提出处理（处分）意见。

（三）受理学院机构及人员对处分决定的异议或者申诉，依法依规维护其权益。

第四十三条　校务监察委员会对院长负责，学院纪检监察室是监察委员会的办事机构。学院制定监察委员会章程，监察委员会按其章程开展工作。

第七节　党政职能机构和教辅机构

第四十四条　学院根据国家有关规定和工作需要设立党政管理机构。党政管理机构根据学院的授权，履行管理和服务职责。

学院系、部、院、所等二级单位负责完成学院下达的各项工作任务，负责本单位的改革、发展、稳定和安全。

第四十五条　学院根据工作需要设置专门工作委员会或领导小组等临时性机构，协调和处理有关事务。

第四十六条　学院设置图书情报信息服务、现代信息技术服务、档案管理等公共服务机构，为教职工和学生提供服务。

第四章　教学科研单位

第四十七条　学院实行院、系（部）两级管理。

学院根据教学科研和人才培养工作需要，设置系、部、院、中心、所等教学与研究机构。教学系（部）设立系级研究机构、教研室、实验室等机构，需报学院审批。

第四十八条　系（部）是学院组织和实施教育教学、科学研究、社会服务和文化传承与创新的基层单位，在学院授权范围内实行自主管理。系（部）的主要职责是：

（一）坚持育人为本、崇实重用，发挥教育教学的主体作用，保证人才培养质量。

（二）制定和实施系（部）管理制度。

（三）根据学院总体规划，拟定和实施系（部）专业（群）建设发展规划。制（修）订专业人才培养方案、课程标准和其他教学文件，经批准后组织实施。

（四）负责教研室建设工作，组织教师开展教学、科研活动，推进教育教学改革。组织或参与编写各专业教材、补充教材、辅助教材及各类教学资料。积极开展

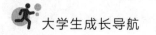

科技、经济、文化等社会服务。

（五）拟订教师配备和使用计划，做好聘任教师的考核及初审，对本部门专业技术人员的职称评审提出初步意见。制订和实施教师培训计划，按要求建设高素质双师型教师队伍。提出实习实训条件建设方案，负责实验实训场地建设及日常管理。

（六）制定教学工作计划，负责教学各环节的组织实施。负责教学秩序、教学质量的检查和评估，执行教学规范，严格教学管理。

（七）负责学生考试考核和成绩评定，组织学生职（执）业资格证考试。负责毕业生就业指导和就业推荐。

（八）做好学生的思想政治教育和日常管理，组织学生开展各种体育、文化、艺术活动和各类竞赛活动。

（九）负责系（部）的行政管理。做好各项经费的使用和监管，做好教学数据信息的统计和填报。

（十）完成学院交办的其他工作。

第四十九条 系（部）主任是系（部）行政的主要负责人，全面负责系（部）的教学、科研和行政管理，在学院党委和行政领导下开展工作，履行职责。

第五十条 系（部）经学院党委批准，设立党的总支部委员会（支部委员会），党组织强化政治功能，履行政治责任，保证教学科研管理等各项任务完成，支持本单位行政领导班子和负责人开展工作，健全集体领导、党政分工合作、协调运行的工作机制。主要职责是：

（一）宣传和执行党的路线方针政策以及上级党组织的决议，并为其贯彻落实发挥保证监督作用。

（二）通过党政联席会议，讨论和决定本单位重要事项。召开党组织会议研究决定干部任用、党员队伍建设等党的建设工作。涉及办学方向、教师队伍建设、师生员工切身利益等事项的，应当经党组织研究讨论后，再提交党政联席会议决定。

（三）加强党组织自身建设，建立健全党支部书记工作例会等制度，具体指导党支部开展工作。

（四）领导本单位思想政治工作，加强师德师风建设，落实意识形态工作责任制。把好教师引进、课程建设、教材选用、学术活动等重要工作的政治关。

第五十一条　系（部）建立健全党政联席会议制度。党政联席会议是系（部）重要事项的议事决策机构，依其议事规则讨论和决定系（部）重要事项。党政联席会议由系（部）主任、党总支（支部）书记、副主任、副书记等组成。党政联席会主持人按会议议题内容分别由主任或书记担任。

第五十二条　系（部）可设立学术分委员会或相应的学术组织，参照学院学术委员会章程行使权力、履行职责。

第五十三条　院属科研机构是学院依据学院专业（学科）发展规划、重大研究任务需要或地方经济社会发展需要而设置的以科学研究和技术服务为主要任务的学院直属机构，其负责人按有关规定和程序产生。

学院制定科研机构管理办法对科研机构进行管理。

第五十四条　学院附属医院是学院主管的独立核算二级机构。附属医院具有独立法人资格，院长为法定代表人。

附属医院的主要职责是：

（一）向社会提供医疗预防保健服务，承担医疗急救任务。

（二）承担学院医卫类专业学生的临床教学和实习任务。

（三）承担区域内公共卫生服务，参与区域内突发公共卫生事件的处理。

（四）开展教研、科研活动。

学院支持附属医院不断改善办院条件，提高医疗预防保健服务和教学科研水平。

学院考察和任命附属医院领导班子，审批人事招聘计划，对财务活动实施监管，对会计核算业务进行指导。

第五十五条　学院设立继续教育的专门机构，在资质和权限范围内面向社会开展成人学历教育、职业培训，同时以自学考试等方式服务学院在校学生的学历提升。

第五章　学　生

第五十六条　学生是指被学院依法录取、取得入学资格，具有学院学籍的受教育者。学生是学校教育教学活动的主体。

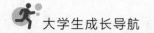

第五十七条 学生在校期间依法享有下列权利：

（一）参加学校教育教学计划安排的各项活动，使用学校提供的教育教学资源；

（二）参加社会实践、志愿服务、勤工助学、文娱体育及科技文化创新等活动，获得就业创业指导和服务；

（三）申请奖学金、助学金及助学贷款；

（四）在思想品德、学业成绩等方面获得科学、公正评价，完成学校规定学业后获得相应的学历证书；

（五）在校内组织、参加学生团体，以适当方式参与学校管理，对学校与学生权益相关事务享有知情权、参与权、表达权和监督权；

（六）对学校给予的处理或者处分有异议，向学校、教育行政部门提出申诉，对学校、教职员工侵犯其人身权、财产权等合法权益的行为，提出申诉或者依法提起诉讼；

（七）法律、法规及学校章程规定的其他权利。

第五十八条 学生在校期间依法应履行下列义务：

（一）遵守宪法和法律、法规；

（二）遵守学校章程和规章制度；

（三）恪守学术道德，完成规定学业；

（四）按规定缴纳学费及有关费用，履行获得贷学金及助学金的相应义务；

（五）遵守学生行为规范，尊敬师长，养成良好的思想品德和行为习惯；

（六）法律、法规及学校章程规定的其他义务。

第五十九条 学院以立德树人为根本目标，引导学生养成良好的思想品德和行为习惯，为学生提供心理健康教育和文化体育设施及相关服务。

第六十条 学院建立和完善学生权利保护制度，维护学生合法权益。学生申诉处理委员会负责受理学生对取消入学资格、退学处理或者违规、违纪处分的申诉。

第六十一条 学院制定学生表彰奖惩办法，对取得突出成绩和为学院争得荣誉的学生集体和个人进行表彰奖励，对违纪学生给予相应的批评教育或纪律处分。

第六十二条 学院在参与国家现代职业教育体系建设的进程中，积极为学生的人才成长搭建通道、创造条件。

第六十三条　在学院接受培训、继续教育等其他类型的受教育者，其权利义务由受教育者与学院按照平等自愿的原则依法另行约定。

第六章　教职工

第六十四条　学院教职工由教师、管理人员、教辅人员、后勤服务人员等组成。教师是学院办学的主要依靠力量。

第六十五条　学院教职工依法享有下列权利：

（一）公平使用学院的公共资源、享受工资福利待遇。

（二）公平获得自身发展所需的机会和条件。

（三）在品德、能力和业绩等方面获得公正评价。

（四）公平获得各种奖励和荣誉称号。

（五）知悉学院改革、建设、发展和涉及切身利益的重大决定和重要事项。

（六）参与学院民主管理，对学院工作提出意见和建议。

（七）就职务、职称、福利待遇、评优评奖、纪律处分等事项表达异议或提出申诉。

（八）国家法律法规和学院规章规定及聘用合同约定的其他权利。

第六十六条　学院教职工依法应履行下列义务：

（一）遵守国家法律法规和学院规章制度、职业道德和学术规范，为人师表。

（二）服从安排，恪尽职守，勤勉工作。

（三）教书育人，建设和遵守"爱生，敬业，博学，崇用"的教风。

（四）珍惜学院声誉，维护学院利益。

（五）国家法律法规和学院规章规定或聘任合同约定的其他义务。

第六十七条　学院坚持德才兼备的用人标准和"公开、平等、竞争、择优"的原则，依法公开招聘教职工。

学院依法对教职工实行聘任制度。

第六十八条　学院按照国家相关政策，评聘教师和其他专业技术人员的职务，调整津贴及劳务分配。制定相应办法和条例，对教师及其他专业技术人员的技术职务实施评聘分离。

第六十九条 学院制定教职工考核制度，对教职工的思想政治表现、职业道德、业务水平和工作实绩进行考核，考核结果作为教职工聘任、解聘、晋升、奖励或者处分的依据。

第七十条 学院建立教职工表彰奖惩制度，对工作业绩突出的教职工给予奖励，对违纪违规的教职工，依法依规给予批评教育或必要的处理、纪律处分。

第七十一条 学院根据国家有关规定逐步提高教职工待遇。教职工待遇应与本地及学院发展水平相适应。

第七十二条 学院建立教职工权利保护机制，设立教职工申诉委员会。教职工除行使校内申诉权外，还可依照法律法规和规章的规定，向上级行政主管部门提出申诉、行政复议或者直接提起行政诉讼。

第七十三条 学院重视教职工职业生涯发展，建立教职工发展机制，分类建立人员培训体系。

第七十四条 学院尊重和爱护人才，尊重和保护学术自由，为教职工开展教学、科研、自主创新等提供必要的条件和保障。

第七十五条 聘用校外兼职教师。校外兼职教师与专任教师总数的比例符合国家有关规定。校外兼职教师按照合同享有相应的权利、承担相应的义务。

第七章　经费、资产和后勤

第七十六条 学院经费来源主要包括财政补助收入、事业收入、上级补助收入、附属单位上缴收入、经营收入和其他收入等。

学院积极拓展办学经费来源，筹集办学资金，不断加大办学投入。

学院对所拥有的经费依法自主管理与使用。

第七十七条 学院实行"统一领导、集中管理"的财务管理体制。

第七十八条 学院对具有独立法人资格的独立核算单位实行经济责任目标管理，对其财务活动实行监管，对会计核算业务进行指导。

第七十九条　学院建立健全各项财务管理制度，规范学院经济秩序，认真执行财政部、教育部《高等学校财务制度》及相关法律法规，依法接受审计监督。

第八十条　学院坚持量入为出、收支平衡的预算编制原则，科学编制预算，并对预算执行过程进行有效控制和监督。

第八十一条　学院建立健全财务信息披露制度，依法公开财务信息，接受教职工、学生、上级有关部门和社会公众的监督。

第八十二条　学院建立健全内部审计和经济责任制度，对经济活动实行事前、事中、事后的审计监督。

第八十三条　学院资产属国有资产，包括利用国家财政资金形成的资产、国家无偿调拨给学校的资产、按照国家政策运用国家资产组织收入形成的资产、接受捐赠等经法律确认为国家所有的其他资产，其表现形式为流动资产、固定资产、在建工程和无形资产。

学院对拥有的资产享有法人财产权，依法自主管理和使用。

第八十四条　学院实行"统一领导、归口管理、分级负责、责任到人"的资产管理体制，建立健全资产采购、配置、使用和处置等管理制度，提高资产管理信息化水平，合理配置资源，确保资产的安全和完整，提高资源使用效率。

第八十五条　学院不断提高平安校园建设和后勤服务能力与水平，为教学科研服务，为师生员工服务。

第八章　学院与社会

第八十六条　学院依法实行信息公开制度，及时向社会发布办学信息，主动接受社会监督和评价。

第八十七条　学院通过对外合作、工学结合、订单培养等方式，不断创新人才培养模式，加强同政府部门、科研院所、企事业单位、行业协会等的广泛联系；通过技能培训、科技攻关、技术革新、继续教育、协同创新等多种方式，自觉履行服务地方经济和社会发展职能，积极争取社会各界支持和帮助。

第八十八条　学院设立常德职业技术学院理事会。理事会由办学相关方面的代

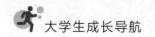

表组成，包括学院举办者、主管部门、共建单位代表，地方政府、行业组织、企业事业单位和其他社会组织的代表，杰出校友、社会知名人士以及学院及职能部门相关负责人。

学院理事会是支持学院发展的咨询、协商、审议与监督机构，是学院实现科学决策、民主监督、社会参与的重要组织形式，学院在密切社会联系、扩大决策民主、争取社会支持、完善监督机制等方面充分发挥理事会的作用。

第八十九条 常德职业培训教育集团是由学院牵头组织，由常德市部分职业学院及市直单位、科研院所、培训机构、企业、行业等共同组建的非营利性职业培训教育机构。学院利用这一平台，充分整合职业教育资源，不断提升职业培训教育的服务功能与水平，更好地服务本地经济建设与社会发展。

常德职业培训教育集团按章程开展活动。

学院可根据需要牵头组建或参与其他教育集团或培训集团。

第九十条 学院依法设立教育基金会，加强与社会各界的联系与合作，依法多渠道、多形式筹措资金，开展各种资助、奖励活动，增加办学资源。

第九十一条 学院依法注册建立校友工作机构，密切联系校友，组织校友活动，向校友通报学院情况，听取校友的意见和建议，争取校友对学院的支持。

学院校友包括在学院及其前身学习或工作过的学生、学员和教职工，学院聘请的客座教授、兼职教师，学院授予校友会会员资格的其他个人。

第九章 校徽、校歌、校旗、校庆日

第九十二条 学院校徽为一圆形徽标，上方和下方分别为学院的中英文校名，"1905"字样代表学院办学的初始年份；徽标中央形似"CZ"图案为学院校名简称"常职"二字的汉语拼音首字母，其中"Z"形图案由三个"Z"组成，寓意学院2003年组建时的工、农、医三类专业主体。

第九十三条　学院校歌为《常德职业技术学院校歌》，柳小年作词，莫津作曲。

第九十四条　学院院旗待定。

第九十五条　学院校庆日为每年的 11 月 11 日。

第十章　附　则

第九十六条　本章程的制定和修订经学院教代会讨论、院长办公会审议、学院党委会审定，经常德市人民政府同意后，报湖南省教育厅核准。

第九十七条　出现下列情形之一时，由院长或教代会提议，经院党委同意后，可启动本章程的修订程序。

（一）本章程依据的法律法规发生变化；

（二）学院的举办者发生变化；

（三）学院发生合并、分立、更名、类别变更等变化；

（四）学院办学宗旨、发展目标、管理体制、运行机制等发生重大变化；

（五）其他影响本章程执行的环境或实质内容发生重大变化。

第九十八条　本章程是学院依法办学的基本准则，学院制定的各项规章制度必须以本章程为准则进行制定、修改和完善，不得与本章程相抵触。

第九十九条　本章程由学院党委负责解释。

第一百条　本章程经湖南省教育厅核准后生效实施，由学校发布章程的正式文本，向本校和社会公开。

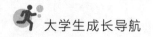

常德职业技术学院学籍管理实施细则

第一章 总 则

第一条 根据教育部《普通高等学校学生管理规定》（教育部令第 41 号）、教育部《关于印发〈普通高等学校新生学籍电子注册暂行办法〉的通知》（教学〔2007〕3 号）、教育部办公厅《关于进一步做好高校学生参军入伍工作的通知》（教学厅〔2015〕3 号）；省教育厅《关于做好全省高职院校新生学籍电子注册工作的通知》（湘教通〔2007〕225 号）、《关于印发〈关于加强高等职业院校教育教学管理的若干意见〉的通知》（湘教发〔2013〕17 号）、《转发教育部办公厅关于进一步规范普通高等学校转学工作的通知》（湘教通〔2015〕294 号）等文件精神和《常德职业技术学院章程》，为加强我院普通高等教育学籍管理工作，维护国家学籍学历电子注册制度，保证高等教育的质量和规格，结合我院实际，特制定本细则。

第二条 学院教务处负责普通高等教育学籍管理全面工作。

第二章 入学与注册

第三条 按国家招生规定录取的新生，持录取通知书，按学院有关要求和规定的期限到校办理入学手续。因故不能按期入学者，应当向学院请假。未请假或者请假逾期的，除因不可抗力等正当事由以外，视为放弃入学资格。

第四条 新生报到对其进行初步审查，审查合格的办理入学手续，予以注册学籍；审查发现新生的录取通知、考生信息等证明材料，与本人实际情况不符，或者有其他违反国家招生考试规定情形的，取消入学资格。

入学后，学院在三个月内按照国家规定对其进行复查。复查中发现学生存在弄虚作假、徇私舞弊等情形的，确定为复查不合格，应当取消学籍；情节严重的，学校应当移交有关部门调查处理。

复查中发现学生身心状况不适宜在校学习，经学校指定的二级甲等以上医院诊断，需要在家休养的，可以按照规定保留入学资格。

第五条 对患有疾病的新生，经学院指定的二级甲等以上医院（下同）诊断不宜在校学习但经短期治疗后可达到标准的，由学院批准，准予其保留入学资格一年。

应征入伍普通高等学校录取新生办理保留入学资格手续后，可由学院批准保留入学资格至退出现役后 2 年。

保留入学资格者不具有学籍。因病保留入学资格的学生，应立即回家治疗，在学校批准之日起的十个工作日内办理相关手续离校。未按期办理离校手续或不离校者，不再保留入学资格。应征入伍普通高等学校录取新生应提前与学校取得联系，并于入伍后一个月内办理保留入学资格手续。

患有疾病的新生在保留入学资格期内经治疗康复，可以向学院申请入学，由学院指定医院诊断，符合体检要求，经学院复查合格后，重新办理入学手续。复查不合格或者逾期不办理入学手续者，取消入学资格。

保留入学资格应征入伍新生在退役后 2 年内，持《保留入学资格通知书》和《中国人民解放军退出现役证书》，到我院办理报到入学手续。如果保留入学资格应征入伍学生重新报名参加高考的视为自动放弃原入学机会，入学资格不再保留。

第六条 每学年开学时，学生应当按学院规定办理学年注册手续。因故不能按期注册者，应办理请假，经学院同意后可履行暂缓注册手续。未请假或者请假未准逾期十个工作日不注册者，视为放弃学籍，按自动退学处理。未按学院规定缴纳学费或者其他不符合注册条件的不予注册。

家庭经济困难的学生可以申请贷款或者其他形式资助，办理有关手续后注册。

第七条 未注册的学生不享有在校学生的权利和义务。

第三章 转专业与转学

第八条 学生按入学年级和专业编班，称自然班。学生按入学年级、专业、自然班取得学号。不论何种原因，学号均不变更。

第九条 学生一般应在被录取的学校和专业完成学业，原则上不允许转学或转

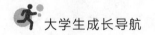

专业。

第十条 学生有符合以下特殊情况者，可申请转专业。受理时间为每年六月和十二月的第一周，学生转专业由学院批准并上报省教育厅备案。

（一）入学后发现某种疾病或生理缺陷，经学院附属医院或学院指定的医院检查证明确实不能在原专业学习，但尚能在其他专业学习的；

（二）确有专长和相关成果，转专业更能发挥其专长的；

（三）确有特殊困难或非本人原因，不转专业则无法继续学习的。同期申请转专业学生总人数不得超过转出专业本年级在校生的5%，如超出5%，根据专业总成绩排名确定转专业学生。

第十一条 学院根据社会对人才需求情况的发展变化和学院开设专业的实际，经学生同意，可以适当调整学生所学专业。

（一）学院根据社会对人才需求情况的发展变化，经学生同意，必要时可以适当调整学生所学专业；

（二）学院根据新生报到情况，对不足以开班的专业，经学生同意，可以适当调整学生所学专业。

第十二条 学生有下列情况之一者，不予转专业：

（一）提前批录取的专业不得转入非提前批录取专业，且仅限同大类间转专业；

（二）降（低）分录取专业转入非降（高）分录取专业的；

（三）单独招生专业转入非单独招生专业的；

（四）二次转专业的；

（五）不同学习层次、学制和形式之间转专业的；

（六）经对口升学考试的学生转入其他专业大类的；

（七）三年全日制高职学生，二年级第2学期后（含第2学期）；五年全日制高职学生，四年级第2学期后（含第2学期）。

第十三条 学生符合以下特殊情况者，可申请转学。受理时间为每年一月和七月的第一周。

（一）入学后发现某种疾病或生理缺陷，经转出学校、拟转入学校指定医院检查证明［学生须提供学校指定医院的检查和诊断证明以及之前的相关治疗证明、学校日常管理（如因病请假、申请休学等）等证明材料］，不能在原校学习，但尚能在拟转入学校学习的；

（二）经学院认定，确有特殊困难（家庭有特殊情况）［学生须提供父母单位证明、家庭所在社区（街道、居委会）证明及其他相关支撑材料］，需学生本人就近照顾、不转学无法继续学习的；

（三）因个别专业新生报到人数不足，无法正常开班，导致被录取学生不能在原录取专业学习，经学校调解，学生仍不愿变更专业的。

申请转学的学生高考分数应达到拟转入学校相关专业在生源地相应年份的高考录取分数。

第十四条　学生有下列情形之一，不得转学：

（一）入学未满一学期或者毕业前一年的；

（二）高考分数低于拟转入学校相关专业相应年份录取分数的；高考成绩低于拟转入学校相关专业同一生源地相应年份录取成绩的；

（三）由低学历层次转为高学历层次的；

（四）以定向就业招生录取的；

（五）无正当转学理由的；

（六）未通过普通高等学校招生全国统一考试或未使用高考成绩录取入学的（含单独考试招生、专升本、五年一贯制、三二分段制等）。

第十五条　转学由学生提出申请，说明理由，转出学校同意；拟转入学校要严格审核转学条件及相关证明，符合本校培养要求且学校有教学能力的，经招生委员会或招生监督部门同意，院、系两级会议集体研究决定，将转入学生名单、表决情况如实记入会议纪要，由院长签署接收函。转学学生的相关手续和证明材料应一式

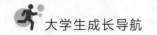

四份，除学院留存外，同时报拟转入和转出学校所在地省级教育行政部门备案。

第四章　信息变更

第十六条　学生在校学习期间，身份证信息发生变更，在提供户口所在地派出所出具的有效证明的前提下，可以向学院学籍管理部门提出学籍信息变更申请，由学院学籍管理部门向上级教育行政部门申请批准后，予以异动。

学生毕业后，不再变更学籍及毕业证相关信息。

第五章　休学与复学

第十七条　学生可以分阶段完成学业。三年制学生在校最长学习年限不得超过5年、五年一贯制学生在校最长年限不得超过7年、三二分段学生在校最长年限不得超过7年。

第十八条　学生申请休学或者学院认为应当休学者，由学院批准，可以休学。学生休学一般以一年为期，休学次数累计不得超过两次，休学时间累计不得超过2年。

第十九条　学生应征参加中国人民解放军（含中国人民武装警察部队），学院保留其学籍至退役后2年。

第二十条　休学申请及相关材料由学生提交教学系，经教学系签署意见后，由教务处会同有关部门批准。获准休学的学生，应于学校批准之日起的十五个工作日内，办理相关手续并离校。

第二十一条　休学学生的有关问题，按照下列规定办理：

（一）休学学生必须办理休学手续离校，学校予以保留学籍。休学学生的户口不变更，不享受奖学金、助学贷款、助学金。往返路费自理。

（二）因病休学的学生，应回家疗养，其医疗费按学校规定处理。

（三）对休学期间发生的事故学校不承担任何责任。

（四）学生在休学期间，如要报考其他学校，须先办理退学手续。

第二十二条　休学期满，学生要求复学需按下列要求办理：

（一）休学期满者，应于学期开学后第一周内向所在教学系提交"复学申请"或"继续休学申请"以及相关材料，经教学系签署意见后，由教务处会同有关部门批准，方可复学或继续休学。

（二）因病休学的学生，申请复学时必须提供二级甲等以上医院诊断，证明恢复健康，并经校医院复查合格者，方可复学。

（三）休学期间，如有违法乱纪行为者，依据《常德职业技术学院学生违纪处理规定》处理。

（四）复学的学生，依其修读课程情况编入原专业相应年级学习。

第六章　退　学

第二十三条　学生有下列情形之一，应予退学：

（一）学业成绩六门（含六门）以上不及格或者在学院规定年限内（含休学）未完成学业的；

（二）降级一年后，原不及格课程累计数为三门（含三门）以上的。

（三）降级后，第二次累计不及格课程达四门（含四门）以上的。

（四）休学（保留学籍）期满，在学院规定期限内未提出复学申请或者申请复学经复查不合格的；

（五）经学院指定医院诊断，患有疾病或者意外伤残无法继续在校学习的；

（六）未请假或请假未准离校连续十个工作日未参加学院规定的教学活动的；

（七）逾期十个工作日不注册（不可抗力原因除外）的；

（八）本人申请退学的；

（九）被开除学籍的。

按条款处理的学生，学生所在教学系为其办理退学手续。

第二十四条　对学生的退学处理：

（一）本人申请并办理退学手续的，由学院教务处在校园网上予以异动并报所在地省级教育行政部门备案；

（二）未办理退学手续退学的学生，由院长办公会议研究决定，将决定结果在校园或校园网上公示，公示期满，无异议，再在学籍学历管理平台做异动，报学院所在地省级教育行政部门备案。

第二十五条　退学的学生，按学院规定期限办理退学手续离校，档案、户口退回其家庭户籍所在地。学院发给其写实性证明书。

取消学籍、已退学的学生不得以任何形式申请复学。

第七章　毕业、结业与肄业

第二十六条　具有学籍的学生，在学院规定年限内，修完学院人才培养方案规定内容，德、智、体达到毕业要求，准予毕业，由学院发给毕业证书。

第二十七条　具有学籍的学生，在学院规定年限内，修完教育教学计划规定内容，未达到毕业要求，准予结业。

结业后经补考合格的学生，可以颁发毕业证书，颁发的毕业证书，毕业时间按发证日期填写。

第二十八条　学满一学年以上退学的学生，学院可以发放写实性证明。

第二十九条　学院应当严格按照招生时确定的办学类型和学习形式，填写、颁发学历证书。

第三十条　学院应当执行高等教育学历证书电子注册管理制度，每年将颁发的毕（结）业证书信息报所在地省级教育行政部门注册，并由省级教育行政部门报国务院教育行政部门备案。

第三十一条　对完成本专业学业同时辅修其他专业并达到该专业辅修要求者，由学院发给辅修专业证书。

第三十二条　对违反国家招生规定入学者，学院不发给学历证书。已发的学历证书，学院将予以追回并报教育行政部门宣布证书无效。

第三十三条　毕业证书遗失或者损坏，经本人申请，学院核实后应当出具相应的证明书。证明书与原证书具有同等效力。

第八章　附　则

第三十四条　教学单位严格按照本细则规范学籍管理行为，落实规章制度，其工作成效纳入学院年度考核。

第三十五条　本细则适用于按照国家招生规定录取接受专科教育的学生。

第三十六条　学生对学校给予其本人取消入学资格、退学处理或者开除学籍等纪律处分决定有异议的，可以依照《常德职业技术学院学生管理规定》相关条款向学校学生申诉处理委员会提出申诉。

第三十七条　学生学籍异动和信息异动流程参照附件执行。

第三十八条　本细则为中专学生学籍管理的参照执行文件。

第三十九条　本细则经常德职业技术学院党委会议讨论通过，自公布之日起施行。原有学籍管理规定同时废止。

附件 1　常德职业技术学院学生信息异动申请流程

附件 2　常德职业技术学院在校学生变更专业流程

附件 3　湖南省普通高等学校在校学生转学流程

附件 4　常德职业技术学院学生休学申请流程

附件 5　常德职业技术学院学生复学申请流程

附件 6　常德职业技术学院学生退学办理流程

附件 7　常德职业技术学院学生自动退学办理流程

附件 8　常德职业技术学院学生应征入伍保留学籍流程

附件1 常德职业技术学院学生信息异动申请流程

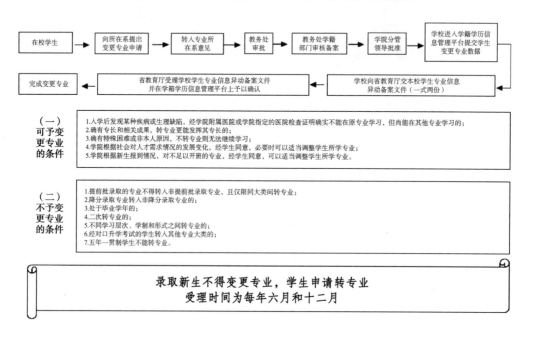

注意：姓名与身份证号同时变更，需报省教育厅职成处审批，学信网更改，异动每学期上报一次

身份证号变更证明

姓名变更证明

附件2 常德职业技术学院在校学生变更专业流程

在校学生 → 向所在系提出变更专业申请 → 转入专业所在系意见 → 教务处审批 → 教务处学籍部门审核备案 → 学院分管领导批准 → 学校进入学籍学历信息管理平台提交学生变更专业数据

学校向省教育厅交本校学生专业信息异动备案文件（一式两份）

省教育厅受理学校学生专业信息异动备案文件并在学籍学历信息管理平台上予以确认 → 完成变更专业

（一）可予变更专业的条件

1.入学后发现某种疾病或生理缺陷，经学院附属医院或学院指定的医院检查证明确实不能在原专业学习，但尚能在其他专业学习的；
2.确有专长和相关成果，转专业更能发挥其专长的；
3.确有特殊困难或非本人原因，不转专业则无法继续学习；
4.学院根据社会对人才需求情况的发展变化，经学生同意，必要时可以适当调整学生所学专业；
5.学院根据新生报到情况，对不足以开班的专业，经学生同意，可以适当调整学生所学专业。

（二）不予变更专业的条件

1.提前批录取的专业不得转入非提前录取专业，且仅限同大类间转专业；
2.降分录取专业转入非降分录取专业的；
3.处于毕业学年的；
4.二次转专业的；
5.不同学习层次、学制和形式之间转专业的；
6.经对口升学考试的学生转入其他专业大类的；
7.五年一贯制学生不能转专业。

录取新生不得变更专业，学生申请转专业
受理时间为每年六月和十二月

附件3 湖南省普通高等学校在校学生转学流程

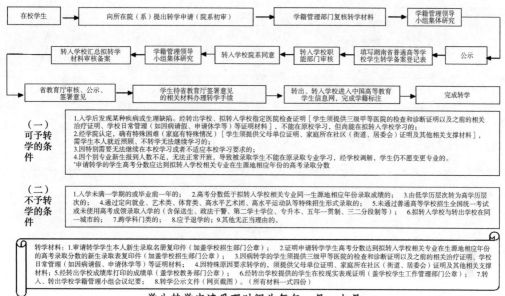

（一）可予转学的条件
1.入学后发现某种疾病或生理缺陷。经转出学校、拟转入学校指定医院检查证明［学生须提供三级甲等医院的检查和诊断证明以及之前的相关治疗证明、学校日常管理（如因病请假、申请休学等）等证明材料］，不能在原校学习，但却能在拟转入学校学习的；
2.经学院认定，确有特殊困难（家庭有特殊情况）［学生须提供父母单位证明、家庭所在社区（街道、居委会）证明及其他相关支撑材料］，需学生本人就近照顾、不转学无法继续学习的；
3.因特别需要无法继续在本校学习或者不适应本校学习要求的；
4.因个别专业新生报到人数不足，无法正常开班，导致被录取学生不能在原录取专业学习，经学校调解，学生仍不愿变更专业的。
*申请转学的学生高考分数应达到拟转入学校相关专业在生源地相应年份的高考录取分数

（二）不予转学的条件
1.入学未满一学期的或毕业前一年的； 2.高考分数低于拟转入学校相关专业同一生源地相应年份录取成绩的； 3.由低学历层次转为高学历层次的； 4.通过定向就业、艺术类、体育类、高水平艺术团、高水平运动队等特殊招生形式录取的； 5.未通过普通高等学校招生全国统一考试或未使用高考成绩录取入学的（含保送生、政法干警、第二学士学位、专升本、五年一贯制、三二分段制等）； 6.拟转入学校与转出学校在同一城市的； 7.跨学科门类的； 8.应予退学的； 9.其他无正当理由的。

转学材料：1.审转学学生本人新生录取名册复印件（加盖学校招生部门公章）； 2.证明申请转学学生高考分数达到拟转入学校相关专业在生源地相应年份的高考录取分数的新生录取表复印件（加盖学校招生部门公章）； 3.因病转学的须提供三级甲等医院的检查和诊断证明以及之前的相关治疗证明、学校日常管理（如因病请假、申请休学等）等证明材料； 4.因特殊原因要求转学的，须提供父母单位证明、家庭所在社区（街道、居委会）证明及其他相关支撑材料； 5.经转出学校成绩库打印的成绩单（盖学校教务部门公章）； 6.经转出学校提供学生在校现实表现证明（盖学校学生工作管理部门公章）； 7.转入、转出学校学籍管理小组会议纪要； 8.转学公示文件（网页截图）。（所有材料一式四份）

学生转学申请受理时间为每年一月、七月

附件4 常德职业技术学院学生休学申请流程

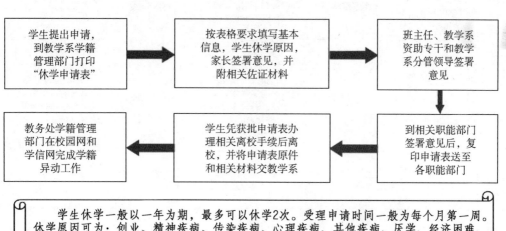

　　学生休学一般以一年为期，最多可以休学2次。受理申请时间一般为每个月第一周。休学原因可为：创业、精神疾病、传染疾病、心理疾病、其他疾病、厌学、经济困难、照顾家人等。休学异动自收到获批申请起15个工作日内上报省级教育行政部门。

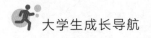

附件5　常德职业技术学院学生复学申请流程

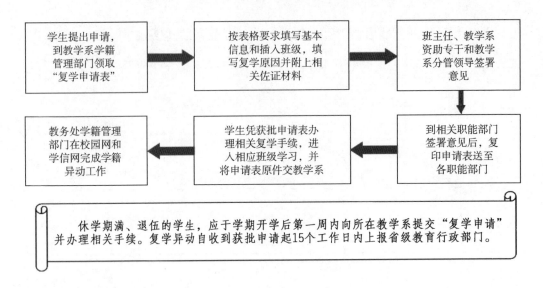

| 学生提出申请，到教学系学籍管理部门领取"复学申请表" | → | 按表格要求填写基本信息和插入班级，填写复学原因并附上相关佐证材料 | → | 班主任、教学系资助专干和教学系分管领导签署意见 |

| 教务处学籍管理部门在校园网和学信网完成学籍异动工作 | ← | 学生凭获批申请表办理相关复学手续，进入相应班级学习，并将申请表原件交教学系 | ← | 到相关职能部门签署意见后，复印申请表送至各职能部门 |

　　休学期满、退伍的学生，应于学期开学后第一周内向所在教学系提交"复学申请"并办理相关手续。复学异动自收到获批申请起15个工作日内上报省级教育行政部门。

附件6　常德职业技术学院学生退学办理流程

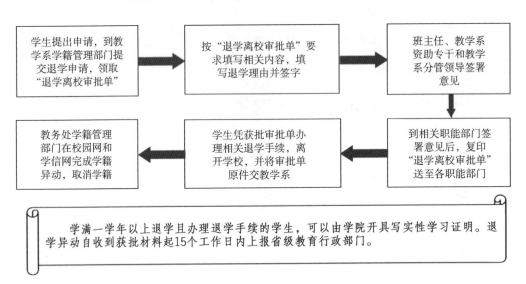

| 学生提出申请，到教学系学籍管理部门提交退学申请，领取"退学离校审批单" | → | 按"退学离校审批单"要求填写相关内容，填写退学理由并签字 | → | 班主任、教学系资助专干和教学系分管领导签署意见 |

| 教务处学籍管理部门在校园网和学信网完成学籍异动，取消学籍 | ← | 学生凭获批审批单办理相关退学手续，离开学校，并将审批单原件交教学系 | ← | 到相关职能部门签署意见后，复印"退学离校审批单"送至各职能部门 |

　　学满一学年以上退学且办理退学手续的学生，可以由学院开具写实性学习证明。退学异动自收到获批材料起15个工作日内上报省级教育行政部门。

附件 7 常德职业技术学院学生自动退学办理流程

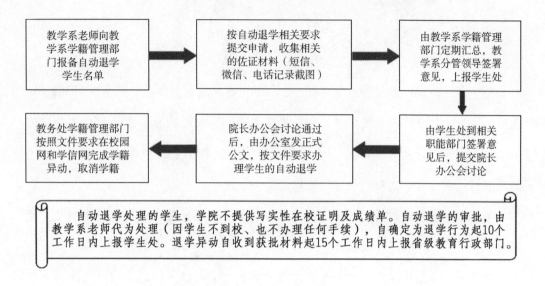

教学系老师向教学系学籍管理部门报备自动退学学生名单 → 按自动退学相关要求提交申请，收集相关的佐证材料（短信、微信、电话记录截图） → 由教学系学籍管理部门定期汇总，教学系分管领导签署意见，上报学生处

教务处学籍管理部门按照文件要求在校园网和学信网完成学籍异动，取消学籍 ← 院长办公会讨论通过后，由办公室发正式公文，按文件要求办理学生的自动退学 ← 由学生处到相关职能部门签署意见后，提交院长办公会讨论

自动退学处理的学生，学院不提供写实性在校证明及成绩单。自动退学的审批，由教学系老师代为处理（因学生不到校、也不办理任何手续），自确定为退学行为起10个工作日内上报学生处。退学异动自收到获批材料起15个工作日内上报省级教育行政部门。

附件 8 常德职业技术学院学生应征入伍保留学籍流程

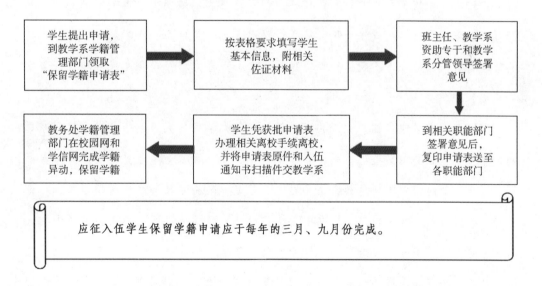

学生提出申请，到教学系学籍管理部门领取"保留学籍申请表" → 按表格要求填写学生基本信息，附相关佐证材料 → 班主任、教学系资助专干和教学系分管领导签署意见

教务处学籍管理部门在校园网和学信网完成学籍异动，保留学籍 ← 学生凭获批申请表办理相关离校手续离校，并将申请表原件和入伍通知书扫描件交教学系 ← 到相关职能部门签署意见后，复印申请表送至各职能部门

应征入伍学生保留学籍申请应于每年的三月、九月份完成。

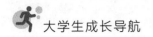

常德职业技术学院学生管理规定

第一章　总　则

第一条　为规范学院学生管理行为，维护学院正常的教育教学秩序和生活秩序，保障学生身心健康，培养德、智、体、美等方面全面发展的社会主义建设者和接班人，依据教育法、高等教育法、《普通高等学校学生管理规定》（教育部第41号令）以及其他有关法律、法规，制定本规定。

第二条　本规定适用于被学院依法录取、取得入学资格，具有学院学籍的受教育者。

第三条　学院以培养人才为中心，坚持社会主义办学方向，坚持马克思主义的指导地位，全面贯彻国家教育方针；要坚持以立德树人为根本，以理想信念教育为核心，培育和践行社会主义核心价值观，弘扬中华优秀传统文化和革命文化、社会主义先进文化，培养学生的社会责任感、创新精神和实践能力；遵循教育规律，不断提高教育质量；学院依法治院，从严管理，健全和完善管理制度，规范管理行为，将管理与育人相结合，不断提高管理和服务水平，努力培养社会主义合格建设者和可靠接班人。

第四条　学生应当拥护中国共产党领导，努力学习马克思列宁主义、毛泽东思想、中国特色社会主义理论体系、邓小平理论、"三个代表"重要思想、科学发展观、习近平新时代中国特色社会主义思想，坚定中国特色社会主义道路自信、理论自信、制度自信、文化自信，树立中国特色社会主义共同理想；应当树立爱国主义思想，具有团结统一、爱好和平、勤劳勇敢、自强不息的精神；应当遵守宪法、法律、法规，遵守公民道德规范，遵守《高等学校学生行为准则》，遵守学院管理制度，具有良好的道德品质和行为习惯；应当刻苦学习，勇于探索，积极实践，努力掌握现代科学文化知识和专业技能；应当积极锻炼身体，具有健康体魄。

第五条　实施学生管理，尊重和保护学生的合法权利，教育和引导学生承担应尽的义务与责任，鼓励和支持学生实行自我管理、自我服务、自我教育、自我监督。

第二章　学生的权利与义务

第六条　学生在院期间依法享有下列权利：

（一）公平接受学院教育，参加学院教育教学计划安排的各项活动，平等使用学院提供的教育教学资源；

（二）参加素质拓展、社会实践、志愿服务、勤工助学、文娱体育及科技文化创新等活动，获得就业创业指导和服务，但不影响学业任务的完成；

（三）按国家及学院规定的标准和程序申请奖学金、助学金及助学贷款。家庭困难的学生可以申请补助或者减免学费；

（四）在思想品德、学业成绩等方面获得科学、公正评价。思想品德合格，在规定的修业年限内完成学院规定的课程，成绩合格后获得相应的学历证书；

（五）在院内组织、参加学生团体，在法律、法规规定的范围内活动并获得院方指导和经费支持；

（六）对学院给予的处分或者处理有异议，向学院、教育行政部门提出申诉；对学院、教职工侵犯其人身权、财产权等合法权益，向学院或上级有关部门提出申诉或者依法提出诉讼；

（七）参与学院民主管理，对学院工作提出意见和建议；参与对教师的教学评价；

（八）法律、法规及学院章程规定的其他权利。

第七条　学生在院期间依法履行下列义务：

（一）遵守宪法和法律、法规；

（二）遵守学院章程和规章制度，自觉建设和维护学院"尊师、好学、自立、乐群"的学风；

（三）恪守学术道德，努力学习，完成规定学业；

（四）按规定缴纳学费及有关费用，履行获得奖学金、贷学金及助学金的相应义务；

（五）遵守学生行为规范，尊敬师长，养成良好的思想品德和行为习惯；

（六）爱护并合理使用教学设备和生活设施；

（七）珍惜学院名誉，维护学院利益；

（八）法律、法规及学院章程规定的其他义务。

第三章　学籍管理

第一节　入学与注册

第八条　学院按国家招生规定录取的新生，持录取通知书，按学院有关要求和规定的期限到院办理入学手续。因故不能按期入学者，应当向学院招生部门请假，请假须经批准方为有效。请假学生在入学报到时，应提交村委会，或父母所在单位证明，请假时间一般不超过 4 周。未请假或者请假逾期者，除因不可抗力等正当理由以外，视为放弃入学资格。

第九条　学院应当在报到时对新生入学资格进行初步审查，审查合格的办理入学手续，予以注册学籍；审查发现新生的录取通知、考生信息等证明材料，与本人实际情况不符，或者有其他违反国家招生考试规定情形的，取消入学资格。

第十条　新生可以申请保留入学资格。保留入学资格期间不具有学籍。

新生保留入学资格期满前应向学院申请入学，经学院审查合格后，办理入学手续。审查不合格的，取消入学资格；逾期不办理入学手续且未有因不可抗力延迟等正当理由的，视为放弃入学资格。

第十一条　学生入学后，学院应当在 3 个月内按照国家招生规定进行复查。复查内容主要包括以下方面：

（一）录取手续及程序等是否合乎国家招生规定；

（二）所获得的录取资格是否真实、合乎相关规定；

（三）本人及身份证明与录取通知、考生档案等是否一致；

（四）身心健康状况是否符合报考专业或者专业类别体检要求，能否保证在院正常学习、生活；

复查中发现学生存在弄虚作假、徇私舞弊等情形的，确定为复查不合格，应当取消学籍；情节严重的，移交有关部门调查处理。

复查中发现学生身心状况不适宜在院学习，经学院指定的二级甲等以上医院诊断，需要在家休养的，可以按照第十条的规定保留入学资格。

第十二条 每学期开学时，学生应当按学院规定的日期到有关部门报到、缴费、提交相关材料、办理注册手续。不能如期注册者，应当向学籍管理部门申请，经批准后方可履行暂缓注册手续，暂缓注册时间一般不超过4周。不按学院规定缴纳学费，或者不履行缓注册手续，或者其他不符合注册条件的不予注册。

家庭经济困难的学生可以申请助学贷款或者其他形式资助，办理有关手续后注册。学院按照国家有关规定为家庭经济困难学生提供教育救助，完善学生资助体系，保证学生不因家庭经济困难而放弃学业。

第二节 考核与成绩记载

第十三条 学生应当参加学院教育教学计划规定的课程和各种教育教学环节（以上统称课程）的考核，考核成绩记入成绩册，并归入本人档案。

第十四条 课程考核分为考试和考查两种，每学期考试、考查课程按教学计划实施。考试课程成绩实行百分制，60分以上（含60分）为及格；考查课程成绩实行等级制，分优秀、良好、及格、不及格四个等级。对学生考核不合格的课程，学院给予四次补考机会：第一次为下一学期开学初，第二次为学生毕业实习前，第三次为学生毕业前，第四次为学生结业后一年之内。对于实行学分制教学管理的专业，考核不合格的课程学院给予一次补考机会，补考后仍不及格的课程学生应当重修，重修课程按物价部门核定的标准交纳重修费。

学生因特殊原因不能按时参加课程考核应当事先履行缓考手续，经批准后可以按学院规定缓考。无故或未经请假不按时参加课程考核的学生不参加该课程第一次补考。

第十五条 学生思想品德的考核、鉴定，以教育部《高等学校学生行为准则》为主要依据，按学院《学生思想品德考核办法》，采取个人小结、师生民主评议等形式评定。

学生体育课的成绩按照学院《体育课成绩评定办法》，根据考勤、课内教学、

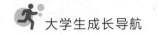

课外锻炼活动和体质健康等情况综合评定。

第十六条　学生学年所修课程经学院考试不合格且在一学年内经第一次补考后不合格课程在4门（含4门）以上者，应当留级；对成绩较差、学习跟不上教学进度的学生，经本人申请、学院批准，可以降级。

第十七条　学生应诚实守信，对于严重违反考核纪律或者作弊的，该课程考核成绩记为无效，并由学院视其违纪或者作弊情节，给予批评教育和相应的纪律处分。给予警告、严重警告、记过及留院察看处分的，经教育表现较好者，经本人申请，学院批准，可以在毕业前对该课程给予补考或者重修机会。

第十八条　学生应当按时参加学院教学计划规定的教学活动。不能按时参加教育教学计划规定的活动，应当事先请假并获批准。未经批准而缺席者，均以旷课论处，根据学院有关规定给予批评教育，情节严重的给予相应的纪律处分。

学生旷课时间按课程表规定的上课时数计算；对以天或周安排的实践性教学活动，按每天4课时计算。对一学期内旷课累计达到10课时以上者，分别给予下列处分：

（一）旷课10课时以上（含10课时），不满20课时，给予警告处分；

（二）旷课20课时以上（含20课时），不满30课时，给予严重警告处分；

（三）旷课30课时以上（含30课时），不满40课时，给予记过处分；

（四）旷课40课时以上（含40课时），不满60课时，给予留校察看处分；

（五）旷课60课时以上（含60课时），视为放弃学籍，按退学处理。

第十九条　学生参加创新创业、社会实践等活动以及发表论文、获得专利授权等与专业学习、学业要求相关的经历、成果，可以折算为学分，计入学业成绩。

学院鼓励、支持和指导学生参加社会实践、创新创业活动，建立创新创业档案、设置创新创业课程并进行考核。

第二十条　学院开展学生诚信教育，以适当方式记录学生学业、学术、品行等方面的诚信信息，建立对失信行为的约束和惩戒机制；对有严重失信行为的，给予相应的纪律处分，对违背学术诚信的，对其获得学术称号、荣誉等作出限制。

第三节 转专业与转学

第二十一条 学院建立公平、公正的标准和程序，健全公示制度。

1. 转专业的条件

新生入学后，原则上不允许转专业。但学生具备下列情形之一者，可以申请转专业：

（1）学生确有专长，对所申请转入专业具有浓厚的兴趣、志向和基础，转专业后更能发挥其专长；

（2）学院根据社会对人才需求情况的发展变化，需要适当调整专业的，允许在读学生转到其他相关专业就读；

（3）经学校确认学生有特殊困难或某种疾病，不能在原专业学习，但尚能在其他专业学习；

（4）新生入学时，因学院录取工作原因造成现专业与本人志愿不符者；

（5）休学创业或退役后复学的学生，因自身情况需要转专业的，学院可以优先考虑。

学生有下列情形之一者，不予转专业：

（1）以特殊招生形式录取的学生；

（2）国家有相关规定或者录取前与学院有明确约定的；

（3）其他专业学生转入国控专业；

（4）招生录取分数较低的专业转入高分专业。

2. 转专业的程序：

学生转专业由本人书面申请，学院批准，报省教育厅备案。具体操作程序按照《常德职业技术学院学籍管理实施细则》办理。

第二十二条 学生一般应当在本院完成学业。如患病或者确有特殊困难、特别困难，无法继续在本院学习的，可以申请转学。转学一般只在学期末进行。

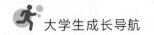

第二十三条 有下列情形之一者，不得转学：

（一）入学未满一学期的或者毕业前一年的；

（二）在招生时由所在地的下一批次录取学院转入上一批次录取学院、由低学历层次转为高学历层次的；

（三）招生时确定为定向、委托培养的；

（四）应予退学的；

（五）毕业学年；

（六）其他无正当理由的。

第二十四条 学生转学由学生本人提出书面申请，经本院和转入院同意后双方出具转学函，由本院报省教育厅。省内转学的，由省教育厅确认转学理由正当，可以办理转学手续；跨省转学者，由省教育厅协商转入地省级教育行政部门，按转学条件确认后办理转学手续。须转户口的由转入地省级教育行政部门将有关文件抄送本院所在地公安部门。外院学生转入，也须提出书面申请，经本院同意后出具转学函，由转出学院按相应程序办理有关手续。

第二十五条 学院对转学情况应当及时进行公示，并在转学完成后3个月内，由转入学院报所在地省级教育行政部门备案。

第四节　休学与复学

第二十六条 学生因身体、经济等方面原因，经本人申请、学院批准后可以分阶段完成学业，但学生在院最长年限（含休学）不得超过规定学制年限3年，即：两年制不超过5年，三年制不超过6年，五年制不超过8年。

第二十七条 学院根据情况建立并实行灵活的学习制度。对休学创业的学生，可以单独规定最长学习年限，并简化休学批准程序。学生休学次数不得超过3次，每次休学期限一般为1年。

第二十八条 学生应征参加中国人民解放军（含中国人民武装警察部队），学院保留其学籍至退役后2年。

学生参加学院组织的跨院联合培养项目，在联合培养学院学习期间，学院同时为其保留学籍。学生保留学籍期间，与其实际所在的部队、学院等组织建立管理关系。

第二十九条　休学学生应当办理休学手续离院，学院保留其学籍。学生休学期间，不享受在院学习学生待遇。休学学生患病，其医疗费按国家和当地及学院规定处理。

第三十条　学生休学期满，必须于学期开学前四周内向学院提出复学申请，经学院复查合格，方可复学。

第五节　退　学

第三十一条　学生有下列情形之一，学院应予退学处理：

（一）学业成绩在一学年内经第一次补考后不合格课程门数在6门（含6门）以上者，或超过规定学制年限3年以上（含3年，包括休学时间）未完成学业的；

（二）休学、保留学籍期满，在学院规定期限内未提出复学申请或者申请复学经复查不合格的；

（三）经学院指定医院诊断，患有疾病或者意外伤残无法继续在院学习的；

（四）未请假或请假未获学院批准离院连续两周未参加学院规定的教学活动的；

（五）学生无正当理由，未经请假、或请假未获学院批准在两周以上（含两周）不注册者，视为放弃学籍；

（六）学院规定的不能完成学业、应予退学的其他情形。

第三十二条　对学生的退学处理，由院长办公会议研究决定。对退学的学生，由学院出具退学决定书并送交本人，同时报省教育厅备案。

第三十三条　退学学生，应当按学院规定期限办理退学手续离院。在学院规定期限内没有聘用单位的，应当办理退学手续离院，档案、户口退回家庭户籍所在地。

第六节　毕业、结业与肄业

第三十四条　学生在学院规定年限内，修完教育教学计划规定内容，德、智、

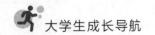

体考核合格，准予毕业，并在学生离院前发给毕业证书。

第三十五条　学生在学院规定年限内，修完教育教学计划规定内容，未达到毕业要求，准予结业，由学院发给结业证书。学生结业后可以通过重修、补考、自学等方式继续完成学业；一年内经本人申请、学院批准，可以参加补考，或补毕业设计（论文）、答辩；全部课程考核合格后可颁发毕业证书，其毕业时间按实际发证日期填写。经补考，或补毕业设计（论文）、答辩仍不合格者，不再颁发毕业证书。

第三十六条　学满一学年以上退学的学生，学院颁发肄业证书或者写实性学习证明。

第三十七条　学院严格按照招生时确定的办学类型和学习形式，以及学生招生录取时填报的个人信息，填写、颁发学历证书。学生在院期间变更姓名、出生日期等证书需填写的个人信息的，应当有合理、充分的理由，并提供有法定效力的相应证明文件。

第三十八条　学院执行高等教育学历证书电子注册管理制度，每年将颁发的毕（结）业证书信息报省教育厅注册，并由省教育厅报国务院教育行政部门备案。

第三十九条　对完成本专业学业同时辅修其他专业并达到该专业辅修要求者，由学院发给辅修专业证书。

第四十条　对违反国家招生规定获得入学资格或者学籍的，学院当予取消其学籍，不得发给学历证书；已发的学历证书，学院应当依法撤销并报省教育厅宣布证书无效。

第四十一条　毕业、结业、肄业证书遗失或者损坏，经本人申请，学院核实后出具相应的证明书。证明书与原证书具有同等效力。

第四章　校园秩序与课外活动

第四十二条　学院、学生维护校园正常秩序，保障学院环境安全、稳定，保障学生的正常学习和生活。

第四十三条　学院通过成立学生宿舍管理委员会、学生伙食管理委员会，受理学生代表提案、定期召开学生座谈会、建立院长信箱、院长接待日、院务公开等方式，支持和保障学生依法参与学院民主管理。

第四十四条　学生应当自觉遵守公民道德规范，自觉遵守学院管理制度，创造和维护文明、整洁、优美、安全的学习和生活环境，树立安全风险防范和自我保护意识，保障自身合法权益。

第四十五条　学生不得有酗酒、打架斗殴、赌博、吸毒，以及传播、复制、贩卖非法书刊和音像制品等违反治安管理规定的行为；不得参与非法传销和进行邪教、封建迷信活动；不得从事或者参与有损大学生形象、有损学院声誉、有损社会公德的活动。

第四十六条　学院坚持教育与宗教相分离原则。任何组织和个人不得在学院进行宗教活动。

第四十七条　学院建立健全学生代表大会制度，支持学生会工作，学生可以按照学院《常德职业技术学院学生团体管理暂行办法》在院内组织、参加学生团体。学生成立团体，应当按学院《学生团体管理办法》提出书面申请，报学院批准。学生团体应当在宪法、法律、法规和学院管理制度范围内活动，接受学院的领导和管理。学生团体邀请院外组织、人员到院举办讲座等活动，需经学院宣传统战部批准。

第四十八条　学院提倡并支持学生及学生团体开展有益于身心健康、成长成才的学术、科技、艺术、文娱、体育等活动。

学生进行课外活动不得影响学院正常的教育教学秩序和生活秩序。

第四十九条　学院鼓励、支持和指导学生参加社会实践、社会服务和开展勤工助学活动，并根据实际情况给予必要帮助。

学生参加勤工助学活动，应当遵守法律、法规以及学院、用工单位的管理制度，遵守学院《学生勤工助学管理规定》，履行勤工助学活动的有关协议。

第五十条　学生举行大型集会、游行、示威等活动，应当按法律程序和有关规定获得批准。对未获批准的，学院依法劝阻或者制止。

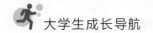

第五十一条 学生应当遵循国家和学院关于网络使用的有关规定,不得登录非法网站和传播非法文字、音频、视频资料等,不得编造或者传播虚假、有害信息;不得攻击、侵入他人计算机和移动通讯网络系统。

第五十二条 学生应当遵守学院《学生宿舍管理规定》,学生住宿由学院统一管理,不准在院外租住,确因特殊情况需要走读的必须按照学院规定办理相关手续。鼓励和支持学生通过制定公约,实施自我管理。

第五章　奖励与处分

第五十三条 学院依据《学生奖惩条例》,对在德、智、体、美、劳等方面全面发展或者在思想品德、学业成绩、科技创造、体育竞赛、文艺活动、志愿服务及社会实践等方面表现突出的学生,给予表彰和奖励,也可推荐参加有关部门或上一级组织的表彰和奖励。

第五十四条 对学生的表彰和奖励可以采取授予"三好学生"称号或者其他荣誉称号、颁发奖学金等多种形式,给予相应的精神鼓励或者物质奖励。

第五十五条 学院对有违法、违规、违纪行为的学生,给予批评教育,并根据学生的违法、违规、违纪行为的性质和过错的严重程度,按学院《学生违法、违规、违纪处分条例》,给予相应的纪律处分。

第五十六条 纪律处分的种类分为:

(一)警告;

(二)严重警告;

(三)记过;

(四)留校察看;

(五)开除学籍。

第五十七条 学生有下列情形之一,学院可以给予开除学籍处分:

(一)违反宪法,反对四项基本原则、破坏安定团结、扰乱社会秩序的;

(二)触犯国家法律,构成刑事犯罪的;

（三）受到治安管理处罚，情节严重、性质恶劣的；

（四）代替他人或让他人代替自己参加考试，组织作弊，使用通讯设备作弊、向他人出售考试试题或答案牟取利益，以及其他严重作弊或扰乱考试秩序行为的；

（五）剽窃、抄袭他人研究成果，情节严重的；

（六）违反学院规定，严重影响学院教育教学秩序、生活秩序以及公共场所管理秩序，侵害其他个人、组织合法权益，造成严重后果的；

（七）屡次违反学院规定受到纪律处分，经教育不改的。

第五十八条　学院对学生的处分，应当做到程序正当、证据充分、依据明确、定性准确、处分适当。学生享有陈述和申辩的权利，学院听取学生的陈述和申辩。

第五十九条　学院在作出处分决定前书面通知学生或其代理人，学生或其代理人需要陈述和申辩的，可在五个工作日内递交书面申请，学院根据申请确定听取陈述和申辩的时间、地点和参加人员，并通知学生本人或其代理人。

第六十条　学院对学生作出开除学籍处分决定，由院长办公会议研究决定。

第六十一条　学院对学生作出处分，应当出具处分决定书，送交本人签收并寄发家长或法定监护人。开除学籍的处分决定书上报省教育厅备案。

第六十二条　学院对学生作出的处分决定书应当包括处分和处分事实、理由及依据，并告知学生可以提出申诉及申诉的期限。

第六十三条　除开除学籍处分以外，给予学生处分一般应当设置6到12个月期限，到期按学院规定程序予以解除。解除处分后，学生获得表彰、奖励及其他权益，不再受原处分的影响。

第六十四条　被开除学籍的学生，由学院发给学习证明。学生按学院规定期限离院，档案、户口退回其家庭户籍所在地。

第六十五条　对学生的奖励、处分材料，学院应当真实完整地归入学院文书档案和本人档案。

第六章　学生申诉

第六十六条　学院成立学生申诉处理委员会，负责受理学生对处理或者处分决

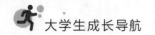

定不服提起的申诉。

学生申诉处理委员会由学院相关负责人 1 名、职能部门负责人 3 名、教师代表 3 名、学生代表 3 名以及若干负责法律事务的人员等组成。

第六十七条 学生对处分决定有异议的，在接到学院处分决定书之日起 10 个工作日内，可以向学院学生申诉处理委员会提出书面申诉，学院学生申诉处理委员会办公室设在学院法制办。学生如因不可抗力因素，确实不能在 10 个工作日内提出，应在不可抗力因素消除后说明理由并提供相关证明资料，经学生申诉处理委员会核查属实的，可顺延申诉时限。

第六十八条 学生申诉处理委员会对学生提出的申诉进行复查，并在接到书面申诉之日起 15 个工作日内，作出复查结论并告知申诉人。需要改变原处分决定的，由学生申诉处理委员会提交学院重新研究决定。省级教育行政部门在接到学生书面申诉之日起 30 个工作日内，对申诉人的问题给予处理并作出决定。

第六十九条 学生对复查决定有异议的，在接到学院复查决定书之日起 15 个工作日内，可以向省教育厅提出书面申诉。处理、处分或者复查决定书未告知学生申诉期限的，申诉期限自学生知道或者应当知道处理或者处分决定之日起计算，但最长不得超过 6 个月。

第七十条 从处分决定或者复查决定送交之日起，学生在申诉期内未提出申诉的，学院或省教育厅不再受理其提出的申诉。

第七章　附　则

第七十一条 对接受成人学历教育的学生的管理参照本规定实施。

第七十二条 本规定自 2017 年 9 月 1 日起施行。学院其他有关文件规定与本规定不一致的，以本规定为准。

学生日常管理纪律

一、政治纪律

1. 禁止反对或违背党和国家的方针政策。

2. 禁止聚众起哄，挑起政治事端。

3. 禁止串联罢课，组织参与非法政治集会和示威游行。

4. 禁止成立和参加非法组织，印发非法刊物、传单等。

5. 禁止制造和传播政治谣言。

6. 禁止收听、传播敌台广播和外台的敌对宣传。

7. 禁止收藏、收看、传播反动、黄色、淫秽书刊、音像制品及其他反动宣传品。

8. 禁止冲击党政机关等要害部门和恶意攻击党和国家领导人。

9. 禁止冲击广播室和非法设立广播站。

10. 禁止书写、张贴大、小字报。

二、会场纪律

1. 学生会场包括有组织的开会、看电视、电影、观看文艺表演、参加体育比赛等集体活动场所。

2. 由班长组织本班同学整队按时进入会场，按规定区域就座，并做到快、齐、静。

3. 参加会议不迟到、不早退、不缺席，领队清点人数，向会议主持人报告人数。

4. 按会议要求带好笔记本，认真记录会议内容。

5. 不准交头接耳，不准东倒西歪，不准吹口哨起哄，不准鼓倒掌，喝倒彩，不准玩手机或在会场接打电话，不打瞌睡，讲究礼貌，保持会场秩序。

6. 不准吃零食，不随地吐痰，不乱丢纸屑，保持会场清洁。

7. 散会时，不喧哗，不拥挤，有组织的依次退场。

8. 会场纪律由会议组织者检查评比。

三、学习纪律

1. 上课预备铃响，即进教室按座位坐好。老师进教室，由值日员呼"起立"口令，等老师答礼后，方能坐下。下课仍由值日员呼"起立"口令，等老师回礼后，方能离座。

2. 老师讲课前，值日员向授课老师报告本堂课全班出勤情况，由老师登记在教学日志上。

3. 不迟到，不早退，不旷课，因故迟到者，先在教室门口呼"报告"，待老师同意后，方能进教室上课，上课时不得擅自出入教室。

4. 学生必须尊重老师的劳动，上课时要专心听讲，衣着整齐，不穿背心、内短裤、超短裙、拖鞋进教室，坐姿端正，认真做笔记。不玩手机，不翻阅与本堂课无关的书刊，不做与本堂课无关的事。

5. 有疑难问题，先举手，经老师同意方可提问，课堂回答问题要起立，完毕由老师示意后再坐下。

6. 自习课未经学校批准，不准开展其他活动。

7. 上课时不准会客、接电话。

8. 除特殊情况外，学生须按时、按质、按量完成各项作业。

9. 学生不得在教室打牌。

10. 晚自习由学习部负责检查各班纪律、出勤情况，上课时间由值班老师检查。

11. 课间不在教室追赶打闹，不在黑板上乱写乱画。

12. 任课教师和班上主管考勤的干部严格执行课堂考勤制度，准确地填写考勤册，每周向全班公布一次。

四、寝室纪律

1. 学生按指定的房间和床位就宿，不准擅自调换。班内调换须经辅导员同意，班级调换须经系（部）同意，系（部）之间调换须经宿管中心同意。

2. 爱护公共财物，严禁私拉乱接电源，私装灯座插头，严禁使用电炉、电热器，严禁在室内生火煮食，室内设备自然损耗应及时向宿管中心报告修缮，对故意损坏公物的要按市价加倍赔偿，并视情节给予纪律处分。

3. 各寝室设寝室长一人，负责督促执行作息制度，管理室内各种公共设备，安排值日，组织同学搞好内务整理，协助学生会处理解决本寝室内出现的问题。所属寝室成员，必须服从寝室长的管理，否则以违纪论处。

4. 值日员要服从安排，自觉负责当天寝室清洁卫生的打扫，注意日常用品的整理、摆设，有权督促检查当日寝室的纪律和治安。所属寝室成员必须服从值日员指挥，否则以违纪论处。

5. 严格遵守作息制度，按时起床，按时就寝。午休和就寝，不允许有影响他人休息的行为。

6. 学生进出寝室必须走人脸识别通道，必须经身份验证后方可出入，严禁利用他人身份跟随进入，甚至翻越出入。

7. 不准在寝室或走廊上打球、投掷、格斗，或进行其他剧烈活动，不准在寝室举行舞会，不准从窗口向外倒水，丢果皮纸屑，不准乱贴乱画。

8. 不准随意进入异性寝室，不准留宿外人，不准外宿。外来人员未经批准不得在寝室内留宿，直系亲属来校需要留宿者须到学院后勤保卫处登记。

9. 不准引带社会闲杂人员进入宿舍，对外来陌生人员要仔细查问，发现可疑人员立即向后勤保卫处报告。宿舍离人要关好门窗。星期六、星期天寝室要留人，个人钱粮和贵重物品要妥善保管。宿舍严禁存放易燃、易爆、有毒危险品。做好防火防毒防盗等安全工作。

10. 日常生活用品归类摆放整齐，严禁端饭菜进宿舍。

11. 节约用水、节约用电，做到无长流水，无长明灯；按时如数缴纳水电费。

12. 宿管部、女生部根据各寝室的纪律、卫生、治安、美化等情况评比文明寝室。

五、食堂纪律

1. 严格遵守学校作息制度，学生必须按时用餐，未经学院有关部门批准，任何人都不得提早或推迟开餐规定时间。

2. 注意节约粮食，做到吃多少买多少。

3. 依次排队，文明就餐，不喧闹，不敲盆碗，不吹口哨起哄。不插队，不拥挤，脚不踩在桌子和凳子上。不随地吐痰，乱倒饭菜，乱倒洗碗水，剩余饭菜要倒入指定地点。注意餐厅秩序和卫生。

4. 对食堂伙食有意见，应向有关部门提出，通过协商解决，尊重食堂工友的劳动，服从值勤人员的管理，说话和气，待人有礼貌。

5. 不使用塑料饭盒，不把校外盒饭带进校内。

6. 坚持在食堂内或指定区域内开餐，不准将饭菜碗盆带出食堂或指定区域。

7. 食堂纪律由生活部管理、检查。

六、卫生纪律

1. 个人卫生做到六不：不随地吐痰，不乱扔纸屑，不从窗口往外倒水，不乱倒垃圾，不乱写乱画，不随地大小便。

四要：饭前便后要洗手，衣服被褥要勤洗，指甲要勤剪，头发要勤理。

2. 生活卫生做到四不：不抽烟、不酗酒、不喝生水、不吃腐烂变质食物。

3. 坚持卫生责任制度，室内卫生轮流值日，室外卫生划片包干，坚持每日一小扫，每周至少一大扫，坚持劳动（卫生）定期和不定期检查制度。

4. 室外卫生做到四无：无积水、无垃圾、无杂物、无其他脏物。

5. 室内卫生做到六无：无蛛网、无灰尘、无痰水、无纸屑、无字画痕迹，无其他脏物。

6. 卫生纪律由劳卫部组织检查评比。

七、学生请假考勤纪律

1. 学生在校学习期间，上课、自习、实习、生产劳动、早操、开会及各种集体活动都要进行考勤。因故不能参加的，必须请假，请假在一天以上（含一天）的，必须办理书面请假手续。凡无故不参加者，作旷课处理。

2. 学生考勤工作由系（部）组织各班进行，班委会指定专人负责登记本班出勤情况，定期汇总上报系（部）。

3. 学生请病假须有学校医务室或县级以上医院的证明。

4. 学生请事假要从严控制，一般情况下不准请事假。学生请事假，必须按照学校规定的审批权限，逐级办理审批手续。请假一天以内由辅导员审批（不在外过夜），请假三天以内由系（部）分管学生工作负责人审批，请假四天至七天的由系（部）主任或书记审批，请假七天以上的由辅导员、系（部）分管学生工作负责人、系（部）主任签署意见后上报学生工作处审批，请假时间十四天以上的由辅导员、系（部）分管学生工作负责人、系（部）主任、学生工作处负责人签署意见后，上报学院分管领导审批。

5. 学生寒暑假回家，因故不能按时返校报到的，应先通过书信或电话向学校请假，并在返校后持有效证明补办请假手续，否则作旷课处理。

6. 学生在法定节、假日离校，均应事先报告辅导员，并在上课前一天晚自习以前返校。

八、治安管理纪律

1. 所有学生必须佩戴校牌；凭校牌出入校门、进出教寝室。

2. 值班人员不准擅自离开岗位。

3. 教室、寝室做到人离落锁。

4. 来客必须到门卫处（校门或宿舍门）登记，不准留客在学生宿舍住宿。

5. 不准私自装制、使用电灯、电炉等电器，不准在花园内生火，不准在教、寝室内生炉、点蜡烛；严禁从窗户进出寝室。

6. 不准任何男同志无正当理由进入女寝室，凡有事需进者，必须事先经女生辅导老师批准，方可进入。

7. 为确保学生人身安全，严禁学生在校学习期间下水游泳或在河边钓鱼玩水，违者以严重违纪论处。

8. 严禁学生进入营业性酒吧，违者以严重违纪论处。

9. 学生不得与社会上身份不明的人员来往，除直系亲属外，不得将外人带入校内，违者视情节给予适当的校纪处分。

10. 凡以上各条，如有违反者，以严重违纪论处，造成事故者，追究其刑事责任。

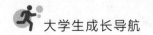

学生走读管理办法（试行）

为了维护学院正常的教学、生活和工作秩序，规范管理，本着对学生负责、家长负责和社会负责的原则，保障学生的人身和财产安全，根据高校有关学生管理规定，结合我院实际，特制定此管理办法。

一、学生申请走读的条件

符合下列条件之一的，可申请走读：

1. 家住武陵区内（或学院附近），家校之间往返方便，且年满18周岁；

2. 因疾病或其他方面原因需要家长陪读的；

3. 经县级以上医院诊断患有某种疾病需在家治疗的；

4. 确实不适合集体居住的；

5. 其他特殊原因不能在校住宿的。

二、学生走读办理时间

1. 走读手续每年审批办理一次，每次有效期限为一学年，逾期需重新办理申请手续。

2. 老生每年6月份调查登记，秋季开学第一周为申请办理下一学年手续的时间；新生入学报到后一周内申请办理走读手续。

3. 学年中途原则上不办理，确因特殊情况需要办理的，该学年已交住宿费不退。

三、学生走读办理程序

1. 学生本人和家长经过认真思考，取得一致意见后，提出书面申请报告，填写学生走读审批表，连同户口、身份证等相关居住证明材料或其他有关材料交班主任或辅导员。

2. 班主任或辅导员根据申请走读的条件进行严格审查，与学生本人和家长充分沟通，详尽的告知学院和系部关于学生走读的管理办法，经学生本人和家长书面认可后签字确认。

3. 系部分管学生工作领导审批签字并盖章。

4. 学生处审核备案。

5. 学生本人、家长和系部签订"学生走读协议书"。

6. 学生凭"学生走读协议书"到计财处缴纳学费时免交住宿费。

四、学生走读管理规定

走读生必须严格遵守校纪校规，按学院规定的作息时间参加学院和系部的教学活动和其他活动，但有以下三项例外：

1. 走读生可以不参加学院统一的早操或晨练。

2. 除参加星期日（或放假后返校前一天）晚上的班级集中讲评外，其余时间的晚自习可以自行在家进行，晚上的系部或班级其他集体活动参加与否由系部决定。

3. 晚上的必修课要按规定参加。

学院学生证管理办法

为加强我院学生证的管理，根据教育部办公厅《关于加强高等学校学生证管理的通知》（教学厅〔2001〕8号）和教育部办公厅、铁道部办公厅《关于进一步完善学生购买优惠卡火车票办法的通知》（教学厅函〔2011〕20号）及湖南省物价局、湖南省财政厅、湖南省教育厅《关于进一步规范教育收费管理有关事项的通知》（湘价教〔2012〕113号）等文件精神，结合学院实际，特制定本办法。

第一条　学生证印制

（一）学生证是证明学生身份的有效证件，由学生处统一印制。

（二）学生证内个人信息应与学生学籍信息相一致，如不一致，学生应及时持学生证到学生处申请更正。

第二条　学生证、火车票优惠卡的发放

（一）新生报到注册后，以系部为单位统一发放学生证、火车票优惠卡。首次统一发放学生证、火车票优惠卡不收取费用，学生补办（更换）学生证、火车票优惠卡需缴纳相应的工本费。

（二）学生家校往返无需乘火车者不发放火车票优惠卡，火车票优惠卡粘贴于学生证内页，与学生证同时使用方为有效。

第三条 学生证、火车票优惠卡的使用

（一）学生应妥善保管学生证，避免污损或丢失，学生证如有损坏或遗失，应及时申请换发或补发。

（二）学生证只限本人使用，不得涂改或转借他人，如有弄虚作假，冒领或伪造学生证等行为者，一经发现，视情节轻重依照学院相关规定给予纪律处分。

（三）每学期开学时，学生应持学生证到所在系部办理报到注册手续，学生证加盖注册章后方为有效。

（四）学生办理休学、复学或转专业等学籍变动时，应持本人学生证、身份证及相关材料到学生处办理学生证学籍异动登记或更换。

（五）学生证、火车票优惠卡乘车区间变更。优惠乘车区间为学校所在地至学生家庭所在地，一经确定，原则上不允许变更，如学生家庭所在地变更，可凭家长户口簿复印件、身份证复印件或其他相关证明材料办理变更手续；因火车提速等原因改变乘车区间的，无须提供证明，可直接办理变更手续。

（六）学生持学生证和火车票优惠卡购买学生票，每年最多购买 4 次单程优惠票，当年未用完的优惠次数不能留至下年使用。

第四条 学生证的回收

（一）学生只能持有一本学生证，在申请换发新证时，应将原证交至学生处回收注销。

（二）学生毕业、转学、退学或其他原因离校时，应将学生证交至学生处回收注销，方可离校。

第五条 本办法自发布之日起施行。

第六条 本办法由学生处负责解释。

学院考试工作办法

一、总　则

1. 为加强学风建设，使考试工作进一步制度化、规范化和科学化，特制定本办法。

2. 学院考试工作的内容：根据人才培养目标的具体规定，编制试卷或按照考试要求组织实施的各种考试［包括国家、省组织的各类考试和学院组织的期末、期中、缓考、补考（重考考试）等］。

3. 学院考试工作在学院统一领导下，实行院、系两级负责制。学院行政部门的主管领导和各系部主要负责人分别是考试工作的第一责任人。教务处在相关考试行政部门的指导下代表学院组织实施各种考试，并制定有关规定，对考试的全过程实行规范化管理。

二、考试命题

考试科目及考试学期应与人才培养方案一致，如需变动，应按照调整人才培养方案的程序履行审批手续。考试课程不允许提前考试，如有特殊情况，经教学系部提出，教务处审核，主管院领导批准后方可提前。

4. 考试命题在系部和有关教研室主任的领导下进行，命题工作应由课程主讲教师或邀请有经验的教师承担。每门课程的试题均须经教研室主任审定，主管考试工作的系部领导批准，最后由教务处备案。

5. 命题的主要依据是课程标准。命题的基本要求：试题应覆盖教材主要内容；试题应难易程度适中；试题应分量适中；试题正确答案应随机编排；试题内容要不断创新，不能与历年试题有50%以上相同；试题必须标明分值；试题必须附有参考答案和评分标准。

6. 建有试卷库的课程，试题可从试卷库中抽取。试题必须同时准备A、B两套卷，两套试题必须基本等效。教务处随机指定其中一套作学期考试之用，另一套作缓考、补（重）考用。

7. 教师在考前复习、辅导、答疑时，应以帮助学生全面掌握和运用该门课程的基础理论、基本知识和基本技能，培养和发展学生的能力为出发点，不得划考试范围、考试重点，不得以任何形式向学生泄露试题内容。

三、试卷的印制

8. 学期考试试卷由教务处和系部指派专人按统一格式到学院文印室印制，印制好的试卷由系部派专人密封，统一存放保密室。考试前，各系部按教务处规定的统一时间派专人到保密室领取试卷。

9. 试卷印制期间，与印制无关的人员不得随意进入文印室。作废的试卷和原稿必须即时销毁。所有接触试题人员必须严格保密，不得以任何形式向他人暗示或泄漏试题内容，违反者要严肃追究其责任。

10. 考试后，各系部应把各科试卷连同考试成绩分析表汇总，并装订成册，在下一学期开学后一个月内送交学生所在系部分班存档。补（重）考试卷须于补（重）考后两周内由系部整理、装订送学生所在系部存档。试卷须保存至学生毕业离校一年以上方可销毁。

四、考试的实施

11. 课程考核分为考试与考查两种，教学计划所设置的课程须以学期为单位组织考核。考试与考查具有同等效力。考核形式可根据课程本身的特点采用开卷、闭卷、开闭卷结合、口试、机试、口试笔试结合等多种形式。毕业论文（设计）通过评审、答辩等环节进行考核评分。

12. 系部在考试前必须组织审查学生考试资格，凡不具备考试资格的，不允许参加全部或相应课程的考试。有下列情形之一者，取消考试资格：

①欠交学费者（由计财处提供名单，各系部填报）；

②缺课三分之一或缺交作业二分之一者（由任课教师提供名单）；

③已办理休学手续尚未复学者；

④学校已明令退学但尚未离校者。

各系部须于考试前两天将考试资格审查结果报教务处备案。

13. 考场布置。考场应保证光线充足、空气流通、场内洁静。各系部编排考场时，应安排学生单人单桌，学生考试就座时须前后整齐一致。有条件的系部应对全体参加考试的学生随机编号，考试时，学生必须按编排的号码就座。

14. 公共课课程考试必须有一个主考教师。主考教师从主讲教师中挑选，由教研室指定。主考教师要对该门课程考试全面负责，到相关考场巡查，发现问题及时处理。

15. 每个考场容纳的考生数不超过30人，配备2名（或2名以上）监考人员。多媒体教室可容纳其座位数一半的考生，安排3名或3名以上监考人员。监考人员由各系部选派，教务处协调。专任教师必须参加监考工作，系部安排监考工作量时要注意教师间的平衡，若有特殊情况不能参加监考工作的应提前办好请假手续，经系部主管领导审核同意后交教务处备案方可执行，实施情况将纳入系部教学考核范畴。

五、监　考

16. 监考教师必须参加系部组织的考前工作会议，于开考前20分钟到达指定地点，领取、清点试卷。考前须清理考场，核对每位学生的考试证件，着手组织考试。

17. 在考试过程中，监考教师要认真做好考试工作，遵守以下规定：服从安排，按时监考；坚守岗位，不得离开考场；考场内不准吸烟；不得以任何形式营私舞弊；不得做阅读书报、谈笑或批阅试卷等与监考无关的事情。

18. 考试结束后，监考教师应如实填写"考场情况登记表"（如有作弊情况，经监考教师在相关材料上签字确认后，连同作弊学生的试卷及作弊证据一并交系部），由系部汇总后交教务处。

六、成绩评定

19. 凡一门课程由多个教师讲授或使用统一教学大纲在不同系、不同专业班级开设的同一门课程，必须统一阅卷。其他课程一般由主讲教师阅卷。

20. 各课程的主讲教师应在该课程考试结束后三天内集中完成试卷评阅。整体考试成绩应基本呈正态分布。试卷评阅完毕并经复查后，评卷教师应填写"学生成绩册"。

21. 学生成绩一律以百分制整数计，"学生成绩册"上记载的是课程总评成绩，由平时成绩（占30%）和期终考试成绩（占70%）组成。体育课考核方式和成绩评定按学院有关规定进行。

22. 阅卷、统分、成绩册登记工作只能由教师完成，禁止学生参与。学生不得直接找任课教师查卷、查分，若有疑问，可向本系部教务秘书提出，由教务秘书通过任课教师查询。如属错评，需经系部主管领导审核确认，教务处备案后方可更改。

23. 各系部教务秘书应做好学生学业成绩的统计和录入工作。录入教务系统的成绩应是该门课程的结业成绩，未结业课程的成绩由任课教师保存，作为评定结业成绩的依据。教务秘书应在学生放假后一周内，将本系部各班级"学生成绩统计表"和"学生成绩册"送交教务处存档。

24. 参加全国英语等级考试、全省非计算机专业计算机水平统考成绩合格者，其成绩可作为相应课程的期末成绩。

七、缓考、补（重）考

25. 结业科目成绩不及格者（课程成绩以学期为单位进行评定）以及期末考试按有关规定事先办好"缓考"手续的学生，于下一学期初集中参加缓考、补（重）考。

26. 对学生考核不合格课程，学院给予三次补考（重修重考）机会：第一次为下一学期开学初，第二次为实习离校前，如果经过前两次补考，仍有不及格科目的学生，最后一次机会是每年6月29日或12月29日的肆业生返校补考，可在结业后一年之内选择一次参加。其他时段学生来校补考概不接受。[学生第二、第三次补（重）考必须提前一个星期到学院参加重修。]不参加第一次重修补（重）考者只能参加（结业后）的第三次重修补（重）考。

27. 学生缓考、补（重）考后，有关教师应及时评卷，并填写"补（重）考成绩单"，由教务秘书汇总后交教务处备案。属于缓考考试的，任课教师应在成绩单上予以注明。

八、考试违纪处理

28. 在考试考查过程中，有下列情况之一但未构成作弊行为的，视为考试违纪：未带有效的考试证件参加考试；考试迟到未达30分钟且不能说明正当理由或迟到

30 分钟以上；携带禁带物品进入考场且未按规定处理；不听从监考老师调动、指挥或违反考试指令；扰乱考试秩序；擅自变更座位；不按规定时间交卷；带走试卷或答卷；有违反考试规则中的其他行为。

29. 有下列情况之一者视为考试作弊：携带与考试有关的任何物品且未按指定位置摆放；偷看书本、笔记或事先准备的资料；左顾右盼或互相交流；传递纸条或偷看邻近考卷；为他人作弊提供方便，以各种方式把本人答案暗示给别人；两人考卷混在一起；请他人代考或替代他人考试；利用电子器件进行作弊；在座位任意位置及周边可视之处书写与考试内容相关的文字或记号；有其他作弊行为。

30. 学生考试违纪、作弊、成绩不合格按以下办法处理：

①学生有考试违纪行为，经教育后仍未改正者，取消考试资格或以旷考论处；

②有作弊行为者当场取消考试资格；

③凡因考试违纪或作弊被取消考试资格或以旷考论处者，该门课程以零分计，并在成绩表上注明"违纪"或"作弊"字样，不能参加正常补（重）考，只能参加毕业前的补（重）考；

④考试违纪或作弊者，给予记过以上纪律处分，情节严重的可开除学籍，处理结果由学生所在系部函告其家长；

⑤在校期间考试作弊累计两次，或请人代考、替他人代考者，一律作开除学籍处理；

⑥一学年有 4 门以上（含 4 门）课程补（重）考后仍不及格者，由学生所在系部报教务处审核后及时做好留级工作。

九、附　则

31. 凡违反本办法造成教学事故者，按《常德职业技术学院教师教学工作基本规范》执行。

32. 本办法自印发之日起执行，由教务处负责解释，凡与本办法不符的，均以本办法为准。

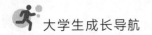

学院年度先进班集体、红旗（先进）团支部评选评比办法

一、评比条件

（一）先进班集体

1. 班干部政治觉悟高，能起模范带头作用，认真完成院、系布置的任务，工作责任心强，团结协作好。

2. 全班同学学习自觉性强，能互相关心、互帮互学，在期中期末考试中平均成绩高，在学科竞赛中成绩好。

3. 全班同学能严格遵守校纪校规，积极参加争当"三好"活动，无违法乱纪和打架斗殴、赌博等不良行为。

4. 文体、课外业余活动健康且丰富多彩，全班体育达标状况良好，在院系体育竞赛中成绩较好，学生健康状况良好。

5. 根据一学年来院系学生会组织的班级月评比成绩进行班级工作综合排名，在年度内综合排名为前15%。

（二）红旗（先进）团支部

1. 政治建设好。组织团员青年认真学习贯彻习近平新时代中国特色社会主义思想和党的历届精神。增强"四个意识"，做到"两个维护"。加强对团员的理想信念和国情教育，引导团员坚定"四个自信"。

2. 组织基础好。积极宣传党的主张，坚决贯彻党的决定，有效履行引领凝聚青年、组织动员青年、联系服务青年的基本职责。组织设置规范，工作制度健全，按期换届，认真履行民主选举程序。规范开展团员教育、管理、监督、发展及团费收缴等工作，认真执行"三会两制一课"制度，扎实开展"青年大学习"等教育实践，团的工作有活力。支部所属团员均已录入"智慧团建"系统，团支部每年对标定级被评定为五星级。

3. 工作效果好。坚持政治性、先进性、群众性，工作活跃，能组织团员积极参加各级各类科技学术、艺术体育、实践服务等活动，并取得较好的成绩。有良好的班风，学习氛围浓郁，第二课堂活动活跃。

4. 班子建设好。团支部委员会成员政治过硬、工作能力较强，能认真落实上级团组织的各项工作要求，扎实有效地开展团的工作，在联系和服务青年方面成效显著，得到所在系部和青年的高度认可。

5. 支部团干部均成为注册志愿者；所在支部成立了志愿者服务队，且至少开展过两次志愿服务活动。

二、评比名额、奖励办法

1. 先进班集体、红旗（先进）团支部名额控制在班级数、团支部数的 15% 以内。

2. 每学年评选一次，每年 9 月份进行评比。

3. 学院对先进班集体、红旗（先进）团支部给予精神鼓励、物质奖励。

学院三好学生、优秀学生干部、优秀共青团员、优秀共青团干部评比办法

为了全面贯彻党的教育方针，提高学生综合素质，树立典型，激励广大青年学生勤奋学习、健康成长，特制定本办法：

一、评选条件

（一）三好学生：

1. 坚持四项基本原则，积极上进，德育操行成绩优秀。

2. 学习目的明确，学习态度端正，勤奋好学，刻苦钻研，有较强的解决问题和分析问题的能力；参评学年学习成绩平均在 85 分以上，单科成绩不低于 80 分，考核成绩良好；积极参加实验和实习劳动，实验、实习和设计课程成绩良好。

3. 积极参加体育锻炼，身体健康，体育课成绩优良。

（二）优秀学生干部：

1. 坚持四项基本原则，积极上进，德育操行成绩优秀。

2. 学习目的明确，学习态度端正，勤奋好学，刻苦钻研，参评学年学习成绩平均80分以上，单科成绩不低于75分，考核成绩（含实验、实习、设计等）良好以上。

3. 能模范地遵章守纪，严格执行学校各项规章制度，热心为同学服务，工作责任感强，有较强的组织领导能力，能出色地完成学校交给的各项工作任务。

4. 热爱劳动，生活俭朴，工作扎实，作风民主，善于团结同学，办事公道、正派，协作精神好，敢于开展批评与自我批评，有较好的群众基础。

5. 积极参加体育锻炼，身体健康，体育课成绩达标。

（三）优秀共青团员评选条件：

1. 理想信念坚定。认真学习贯彻习近平新时代中国特色社会主义思想和党的历届精神，增强"四个意识"，坚定"四个自信"，做到"两个维护"。有坚定的共产主义远大理想和中国特色社会主义共同理想，热爱祖国、热爱人民、热爱社会主义，有浓厚的家国情怀。

2. 道德品行优秀。模范践行社会主义核心价值观，带头倡导良好社会风尚。成为注册志愿者，经常参加志愿服务活动，年度参加志愿服务时长不少于10小时。

3. 遵守团的章程。模范履行团员义务，积极参加"三会两制一课"和团的活动，在每年团支部团员教育评议中获得优秀等次。团龄在1年以上，按时上缴团费，不存在欠缴团费记录。

4. 模范作用突出。学习成绩优秀，操作技能过硬，具有艰苦奋斗精神，能够在团员青年中发挥模范带头作用；凡是违反校纪校规、受过学院和团内处分，各科成绩有不及格、补考现象者不符合评选要求。

（四）优秀共青团干部评选条件：

1. 符合优秀共青团员推荐条件。

2. 心系广大同学。注重深入基层，密切联系青年，积极主动地在青年同学中开展工作，直接联系青年成效突出，对青年开展有效服务和引导工作，在青年中具有较高威信。

3. 工作能力过硬。热爱团的工作，认真执行团的上级机关作出的指示和决议，坚持围绕学院党政中心任务和青年需求开展工作，积极探索创新，在团的岗位上取得突出成绩，具有较强的团务工作能力。

4. 道德品行优秀。模范践行社会主义核心价值观，带头倡导良好社会风尚。成为注册志愿者，经常参加志愿服务活动，年度参加志愿服务时长不少于 10 小时。

5. 模范作用突出。担任院、系、班级主要团学干部满 1 年。品学兼优，能够在团员中发挥模范带头作用，获得过院级及以上奖励者和各类先进集体的学生干部优先。

二、评比名额、奖励办法

1. 各系部评选出的先进个人名额控制在全日制在校生的 15% 以内。

2. 每学年评选一次，每年 9 月份进行评比。

3. 学院对评先、评优的个人、班集体给予精神鼓励、物质奖励。

三、本办法由学生工作处（团委）负责解释，自公布之日起执行

学生违纪处分办法

第一章　总　则

第一条　为规范学校学生管理行为、维护学校正常的教育教学和生活秩序，保障学生合法权益，促进学生全面健康成长成才，根据《中华人民共和国教育法》、《中华人民共和国高等教育法》《普通高等学校学生管理规定》（教育部令 41 号）、《常德职业技术学院章程》等文件，结合我校实际，制定本办法。

第二条　本办法适用于取得我校学籍的全日制学生。

第三条　违纪处分坚持公开、公平、公正原则，坚持教育与处分相结合原则，坚持保障学生知情权、参与权、表达权和监督权。

第四条　对有违法、违规、违纪行为的学生，学校给予批评教育，并视情节轻重给予如下纪律处分：

（一）警告；

（二）严重警告；

（三）记过；

（四）留校察看；

（五）开除学籍。

第五条 除开除学籍处分外，纪律处分设置如下期限：

（一）警告、严重警告，6个月；

（二）记过，9个月；

（三）留校察看，12个月。

第二章　违纪处理

第六条 违反宪法、反对四项基本原则、破坏安定团结、扰乱社会秩序的，给予开除学籍处分。

第七条 违反国家法律、法规，受到公安或司法机关处罚的，给予下列处分：

（一）触犯国家法律，构成刑事犯罪的，给予开除学籍处分。

（二）受到治安管理处罚的，视情节轻重给予记过至开除学籍处分。

第八条 无正当理由恶意欠缴学费的，视情节轻重给予警告至记过处分。

第九条 学生一学期内旷课累计达到10课时以上者，分别给予以下处分或处理：

（一）旷课10课时以上（含10课时），不满20课时，给予警告处分；

（二）旷课20课时以上（含20课时），不满30课时，给予严重警告处分；

（三）旷课30课时以上（含30课时），不满40课时，给予记过处分；

（四）旷课40课时以上（含40课时），不满60课时，给予留校察看处分。

（五）旷课60课时以上（含60课时），视为放弃学籍，做退学处理。

第十条 考试违纪的，视情节轻重给予批评教育或警告至记过处分。

第十一条 考试作弊的，根据作弊行为的具体情况给予下列处分：

（一）携带与考试内容相关的材料或者存储有与考试内容相关资料的电子设备及携带具有发送或者接收信息功能的设备参加考试的，给予严重警告至留校察看处分。

（二）抄袭或者协助他人抄袭试题答案或者与考试内容相关资料的及传、接物品或者交换试卷、答卷、草稿纸的，给予记过至留校察看处分。

（三）带头违反考场纪律，导致考场秩序混乱、考试秩序失控，出现大面积考试作弊的，给予记过至留校察看处分。

（四）抢夺、窃取他人试卷、答卷或胁迫他人为自己抄袭提供方便及故意销毁试卷、答卷或者考试材料的，给予留校察看处分。

（五）以不正当手段获得或者试图获得试题、答案、考试成绩及通过伪造证件、证明、档案及其他材料获得考试资格、加分资格和考试成绩的，给予留校察看处分。

（六）评卷过程中被认定为答案雷同及由考试工作人员协助实施作弊行为，事后查实的，给予留校察看处分。

（七）代替他人或者让他人代替自己参加考试、组织作弊、使用通讯设备或其他器材作弊、向他人出售考试试题或答案牟取利益，以及其他严重作弊或扰乱考试秩序行为的，给予开除学籍处分。

第十二条 毕业论文或毕业设计、公开发表的研究成果存在抄袭、篡改、伪造等学术不端行为的，给予警告至记过处分；情节严重的，或者代写论文、买卖论文的，给予开除学籍处分。

第十三条 从事或者参与有损大学生形象、有悖社会公序良俗活动的，视情节轻重给予批评教育或警告至留校察看处分。

第十四条 有严重失信行为的，视情节轻重给予警告至留校察看处分。

第十五条 酗酒的，视情节轻重给予警告至留校察看处分；酗酒后滋事并造成严重后果的，给予开除学籍处分。

第十六条 殴打他人、参与打群架情节较轻的，给予警告或严重警告处分；寻衅滋事、持械打人、打人致伤、带头打群架、唆使他人打架、策划打架、以劝架为名偏袒一方造成严重后果的，给予记过至开除学籍处分。

第十七条 以各种形式进行赌博或提供赌博条件的，给予警告或严重警告处分；经教育不改的，给予记过或留校察看处分；情节严重的，给予开除学籍处分。

第十八条 吸毒、贩毒或引诱他人吸毒、贩毒的，视情节轻重给予留校察看至

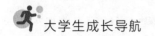

开除学籍处分。

第十九条 传播、复制、贩卖、出租非法书刊和音像制品或其他非法物品的，视情节轻重给予警告至开除学籍处分。

第二十条 参加非法组织、非法宗教活动、邪教活动或传销活动的，视情节轻重给予警告至留校察看处分；经教育不改的，给予开除学籍处分。

第二十一条 在校园内进行宗教活动，经劝阻不改的，给予警告至留校察看处分；造成严重后果的，给予开除学籍处分。

第二十二条 未经批准，组织成立学生团体或以合法学生团体名义开展非法活动的，视情节轻重给予警告至留校察看处分；造成严重后果的，给予开除学籍处分。

第二十三条 未获得批准，举行大型集会、游行、示威等活动的，视情节轻重给予警告至留校察看处分；造成严重后果的，给予开除学籍处分。

第二十四条 利用电脑、网络或其他通信工具进行下列活动之一的，视情节轻重给予警告至开除学籍处分：

（一）登录非法网站的；

（二）传播非法文字、音频、视频资料的；

（三）编造或传播虚假信息、有害信息的；

（四）攻击、侵入他人计算机和移动通讯网络系统的；

（五）进行其他非法活动的。

第二十五条 未经批准，夜不归宿、外出租住的，视情节轻重给予批评教育或警告至留校察看处分。在异性寝室留宿或在寝室留宿异性的，视情节轻重给予警告至留校察看处分。

第二十六条 在教室、学生宿舍或其他公共场所私接电源，违章使用电器或明火的，视情节给予警告至留校察看处分；造成严重后果的，给予开除学籍处分。

第二十七条 盗窃、诈骗或者破坏国家、集体、私人财物的，视情节轻重给予警告至开除学籍处分。

第二十八条 参与卖淫、嫖娼或从事色情活动的，视情节轻重给予留校察看至开除学籍处分；有调戏、侮辱、骚扰他人等行为的，视情节轻重给予严重警告至开除学籍处分。

第二十九条　作伪证、制造假案、诬告陷害他人的，给予严重警告至留校察看处分；造成严重后果的，给予开除学籍处分。

第三十条　私自篡改或伪造证书、证件、签名、文件、档案、公章、印章及信息卡等或使用上述诸类来达到个人目的的，视情节轻重给予严重警告至开除学籍处分。

第三十一条　侵犯他人、组织合法权益的，视情节轻重给予警告至开除学籍处分。

第三十二条　违反学校管理规定，破坏校园环境，扰乱正常的教育教学秩序、生活秩序以及公共场所管理秩序的，视情节轻重给予警告至开除学籍处分。

第三十三条　屡次违反学校规定受到纪律处分，经教育不改的，给予开除学籍处分。

第三十四条　参与涉恐违纪行为的，根据违纪事实给予下列处分：

（一）下载、观看、传播恐怖主义、极端主义音频视频资料或印刷品、图书的，视情节轻重给予留校察看或开除学籍处分。

（二）私自持有恐怖主义、极端主义音频视频资料或印刷品、图书等其他物品的，视情节轻重给予留校察看或开除学籍处分。

（三）校园内穿着、佩戴宣扬恐怖主义、极端主义服饰或标志的，视情节轻重给予留校察看或开除学籍处分。

（四）教唆、胁迫、引诱他人下载、观看、传播恐怖主义、极端主义音频视频资料或印刷品、图书的，给予开除学籍处分。

第三十五条　有下列情形之一的，应当从重处分：

（一）伪造情节造成调查困难的；

（二）同时有多项违纪行为的；

（三）对检举人、揭发人、证人及学校教育管理人员施行恐吓、威胁或打击报复的；

（四）在共同违纪中起主要作用的；

（五）教唆、诱骗、胁迫他人违纪的；

（六）勾结校外人员参与违反校纪的；

（七）策划、煽动闹事，扰乱校园秩序的。

第三十六条 有下列情形之一的，应当从轻或者免予处分：

（一）主动终止违纪行为，避免事态扩大化的；

（二）主动承认错误，有立功表现的；

（三）受他人胁迫违纪的。

第三章 处分程序和管理权限

第三十七条 学校在对学生作出处分决定之前，应当书面告知学生拟作出处分决定的事实、理由及依据，并告知学生享有陈述和申辩的权利，听取学生的陈述和申辩。对学生申辩提出的事实、理由和证据，学生处进行复核；事实、理由、证据成立的，应当采纳并重新提出处分意见。

学生未在规定期限内进行陈述、申辩的，视为放弃陈述、申辩的权利。

第三十八条 给予开除学籍处分的，由系部提出处分建议，学生处审核后提出处分意见，报学校主管领导，经学校法制办公室进行合法性审查后，报校长办公会或者校长授权的专门会议研究决定。

第三十九条 学校对学生作出的处分，应制作处分决定书。处分决定书包括以下内容：

（一）学生的基本信息；

（二）作出处分的事实和证据；

（三）处分的种类、依据；

（四）申诉的途径和期限；

（五）其他必要内容。

第四十条 处理、处分决定书可依次采取下列送达方式：

（一）直接送达：由系部直接送达学生本人，学生本人签收。

（二）留置送达：学生拒绝签收的，系部领导、辅导员及见证人将上述文书送达学生住所，可采取照相、录像等方式记录送达过程，即视为送达。同时，撰写留置送达情况说明（系部领导、辅导员和见证人签名并加盖学院公章）报学生工作处。

（三）邮寄送达：学生已离校的，系部可以采取邮寄方式送达。

（四）公告送达：难于联系的，系部可以利用学校网站或新闻媒体等以公告方式送达，公告时间为15日，即视为送达。

第四十一条 学生对处分决定有异议的，自学校处分决定书送达之日起10日内，可以向学校学生申诉处理委员会提出书面申诉。申诉程序按《常德职业技术学院学生听证与申诉管理办法》办理。

第四十二条 学校发现学生在校内有违法行为或者严重精神疾病可能对他人造成伤害的，可以依法采取或者协助有关部门采取必要措施。

第四章 解除处分条件和程序

第四十三条 申请解除处分基本条件：

（一）学生受处分后，应对所犯错误的认识和整改措施写出书面材料报所在系部；

（二）处分期内，应知错即改、端正态度、积极进取。每两个月撰写思想和日常表现总结并及时向辅导员提交。

第四十四条 申请解除处分者，还应满足下列具体条件之一：

（一）解除警告、严重警告处分，应在班级学风建设、宿舍文明建设等活动中，表现良好受到学院或年级（班级）表扬的；

（二）解除记过、留校察看处分，综合测评成绩排名在班级前20%或提升30%及以上的；

（三）在正式比赛、竞赛中（如：科技创新大赛、文体竞赛、专业竞赛、职业技能竞赛等），获得团体一、二、三等奖或前三名的；

（四）积极参加集体事务、公益活动，在抢险救灾、志愿服务、专业实习、社会实践等活动中，受到校级及以上表彰的；

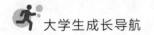

（五）因见义勇为受到校级及以上表彰的；

（六）为学校建设与发展做出一定贡献或为学校赢得荣誉获得学校表彰的。

第四十五条 有下列情形之一者，可在处分期限届满之前3个月申请解除处分：

（一）在国家、省、市举办的正式比赛、竞赛中（如：科技创新大赛、文体竞赛、专业竞赛、职业技能竞赛等），获得个人一、二、三等奖或前三名的；

（二）积极参加集体事务、公益活动，在抢险救灾、志愿服务、专业实习、社会实践等活动中，表现突出受到校级以上表彰的；

（三）因见义勇为受到校级以上表彰的；

（四）学校认可的其他情形。

第四十六条 处分期间因毕业、结业、转学、退学等原因离校者，可在离校前申请解除处分。

第四十七条 处分期间休学者，休学时间不计入处分期限，待复学后顺延至处分期满。

第四十八条 解除处分程序：

（一）处分期满后，学生写出书面解除处分申请、填写"常德职业技术学院学生解除处分审批表"，向所在系部提出解除处分申请，并提交相关佐证材料。

（二）系部在接到学生解除处分申请后，召开党政领导联席会议，听取辅导员汇报受处分学生在考核期内的考核报告及学生所在班级对该生的民主测评情况，审查、核实相关材料，研究解除处分建议，撰写解除处分情况报告，在本系部公示无异议后连同相关材料报学生处。

（三）学生处在收到系部所报解除处分材料后，审核相关材料、提出处理意见，报学校主管领导批准后执行。

（四）学校做出的解除违纪学生处分决定，出具解除处分决定书。解除处分决定书由系部送达学生本人，并发布公告。

（五）对于不符合要求的申请者，学院阐明原因，做出书面回复。学生可在3个月后再次提出申请，但最多只允许申请两次。

第四十九条 解除处分后，学生获得表彰、奖励及其他权益，不再受原处分的影响。

第五章　附　则

第五十条　本办法自 2019 年 10 月 1 日起实施。

第五十一条　本办法由学生工作处（团委）负责解释。

学院国家职业技能鉴定工作管理暂行办法

一、为加强学院职业技能鉴定工作的科学化、规范化管理，提高职业技能鉴定质量，根据《中华人民共和国劳动法》及国家、省市有关规定，结合学院实际，制定本办法。

二、本办法适用于学院在校学生、在职职工及其他需要职业技能鉴定的社会人员等。

三、职业技能鉴定是指按照国家职业技能标准，对相关人员职业技能进行考试、考核，认定其职业资格。职业资格分为：初级、中级、高级、技师、高级技师。

四、学院职业技能鉴定工作是在劳动行政主管部门指导下，由教务处与相关系部根据实际情况组织实施。教务处是全院职业技能鉴定工作的主管部门，下设专门组织机构。组织机构经学院按程序申请批准后挂牌成立，名称为常德职业技术学院国家职业技能鉴定所（以下简称鉴定所）。

五、鉴定所实行所长负责制。所长由学院分管教学副院长担任；配备副所长两名，由教务处正副处长担任；办公室主任一名，由教务科长担任；成员若干，由有关系部负责职业技能鉴定工作的人员组成。

六、鉴定所应有健全的财务制度和专职财务管理人员，严格执行所在地区财政、物价、劳动保障部门规定的职业技能鉴定收费标准。在收取费用时，必须有省或市劳动、物价部门发给的职业技能鉴定许可证和收费许可证。

七、凡申请进行职业技能鉴定的人员，必须交纳鉴定费。鉴定费实行统一管理、自负盈亏、收支两条线、"一支笔"审批的原则。收取的职业鉴定费主要用于以下支出：

（一）鉴定场地，设备使用费；

（二）考评、专务人员考务费；

（三）检测设备购置、维修费；

（四）原材料、能源耗损费；

（五）证书、表格印刷费、工本费。

八、需参加职业技能鉴定的学生和相关人员，首选应在相应系部报名、申请，填交有关资料，经审查合格后缴纳一定费用，由鉴定所和省市职业技能鉴定机构进行相应鉴定。申请职业技能鉴定的人员应提交下列证件及资料：

（一）职业技能鉴定申请表；

（二）本人身份证件；

（三）本人资历和能力水平证明。

九、鉴定所负责制定全院职业技能鉴定工作计划，负责组织并参与实施各系部职业技能鉴定工作。具体程序如下：

（一）宣传发动：由教务处负责组织，各相关系部具体发动、宣传。

（二）报名：由各系部负责组织学生报名，并按要填写报名表，收集各类相关资料。

（三）资格审查：由鉴定所和各部共同组织对学生进行资格审查，然后归纳、整理报名表。

（四）鉴定费：由各系部按物价部门核定标准收取后，统一交鉴定所。

（五）申请鉴定：由鉴定所向行政主管部门提出申请，并将申请结果及时反馈给各系部。

（六）培训：各系部制定鉴定培训计划，报鉴定所审核后，组织实施。

（七）鉴定考试：由鉴定所组织各相关系部进行。

（八）证书办理：由鉴定所统一到鉴定中心办理证书后，将合格证书转发给系部。

（九）档案管理：各系部将每次技能鉴定档案资料汇总、整理和归档后，一份留系部，一份以电子文档形式上交鉴定所。

十、职业技能鉴定所成立初期，鉴定工作的主要环节仍以常德市劳动部门（主管单位）为主进行，学院职业技能鉴定所协助其工作。

十一、鉴定所应不断完善内部管理制度，确保鉴定场所及鉴定设备的安全，及时按照职业（工种）标准要求进行设备更新，努力提高鉴定质量与水平。

十二、本办法自印发之日起执行。

学生实习管理办法

为了进一步规范和加强学生实习管理工作，维护学生、学校、实习单位的合法权益，提高技术技能人才培养质量，根据教育部等八部门《关于印发〈职业学校学生实习管理规定〉的通知》（教职成〔2021〕4号）和省教育厅关于实习管理的相关文件精神和要求，结合学院实际，特制定本办法。

第一章 总 则

第一条 本办法所指实习，是指实施全日制学历教育的学生按照专业人才培养方案安排，由学院或经学院批准到企（事）业单位（以下称实习单位）进行职业道德和技术技能培养的实践性教育教学活动，包括认识实习和岗位实习。

认识实习指学生到实习单位参观、观摩和体验，形成对实习单位和相关岗位初步认识的活动。岗位实习指具备一定实践岗位工作能力的学生，在专业人员指导下，辅助或相对独立参与实际工作的活动，一般安排在毕业学年度。

第二条 对于建立在校内的生产性实训基地、厂中校、校中厂、虚拟仿真实训基地等，依照法律规定成立或登记取得法人、非法人组织资格的可作为学生实习单位，按本办法进行管理。

第三条 学生实习的本质是教学活动，是实现人才培养目标，培养学生适应社会、增强职业岗位能力及综合能力的重要实践教学环节。组织开展学生实习应当坚持立德树人、德技并修，理论与实际相结合，专业知识与生产实际相结合，提升学生技能水平，培养学生良好的职业道德，锤炼学生意志品质，提高和强化学生的竞争意识、职业意识和创业意识，转变就业观念，增强就业创业能力，服务学生全面

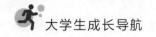

发展。

第四条　各系要充分认识学生实习的重要性和必要性，将实习纳入专业人才培养方案，科学组织，依法依规实施，强化实习过程管理，做好学生实习各项工作，切实保护学生合法权益，促进学生高质量就业创业。

第二章　实习组织

第五条　应当选择符合以下条件的企（事）业单位作为实习单位：

（一）合法经营，无违法失信记录；

（二）管理规范，近3年无违反安全生产相关法律法规记录；

（三）实习条件完备，符合专业培养要求，符合产业发展实际；

（四）与学院有稳定合作关系的企（事）业单位优先。

第六条　新开发实习单位前，应实地考察评估，并形成书面报告，考察内容包括：单位资质、诚信状况、管理水平、业务范围、专技人员情况，实习岗位性质和内容，工作时间、工作环境、生活环境及健康保障、安全防护等。实习单位名单须经学院党组（委）会议研究确定后对外公开。

第七条　各系要加强对实习学生的指导，会同实习单位共同组织实施学生实习，在学生实习开始前依据人才培养方案制订实习方案，明确岗位要求、实习目标、实习任务、实习内容、必要的实习准备和考核要求、实习保障措施等。安排的实习岗位应符合专业培养目标要求，与学生所学专业对口或相近，原则上不得跨专业大类安排实习。

第八条　学生岗位实习采用"校内指导老师+实习单位指导老师"双指导模式，各系和实习单位应选派经验丰富、综合素质好、责任心强、安全防范意识高的实习指导老师全程指导、共同管理学生实习。

各系应在学生实习离校前组织开展实习动员会、实习指导老师见面会，做好实习前的培训教育和安全教育，使学生熟悉实习阶段的任务和要求。

第九条　岗位实习采取学校推荐、实习单位选用的原则统一安排，学生因特殊原因自联实习单位的，必须由本人及其家长提出申请，填写"常德职业技术学院学生自联实习单位申请表"，经系部、学校审核同意后方可实施。学生自联选择的实习单位必须符合条件并提交相关材料，鼓励学生选择有就业意向的单位进行岗位实习。实习单位应安排专门人员指导学生实习，系部要安排实习指导教师跟踪了解学生日常实习情况，对自联实习单位的学生管理依照本办法执行。

安排岗位实习，应当取得学生及其家长签字的知情同意书，学生及其家长明确不同意学校实习安排的，可自行选择符合条件的岗位实习单位。

认识实习按照一般校外活动有关规定进行管理，由各系按照人才培养目标要求安排，学生不得自行选择。

第十条　岗位实习学生的人数一般不超过实习单位在岗职工总数的10%，在具体岗位实习的学生人数一般不高于同类岗位在岗职工总人数的20%。任何部门（单位）不得干预实习正常安排和实习方案的实施，不得强制安排学生到指定单位实习，严禁以营利为目的违规组织实习。

第十一条　学生在实习单位的岗位实习时间一般为6个月，具体实习时间由各系根据人才培养方案安排，应基本覆盖专业所对应岗位（群）的典型工作任务，不得仅安排学生从事简单重复劳动。可以结合学徒制培养等模式，和实习单位合作探索工学交替、多学期、分段式等多种形式的实践性教学改革。

第十二条　各系应按照专业人才培养方案认真组织实习教学活动，按要求制定实习方案，将学生岗位实习花名册（附件2）、岗位实习情况按要求报教务处备案，教务处将全院学生岗位实习情况报主管部门备案。

第三章　实习管理

第十三条　学生实习实行院系两级管理，学院成立以书记、院长担任组长的学生实习管理领导小组，组织领导、统筹规划和综合协调。教务处为实习牵头管理部门，负责日常管理组织、指导协调、督促检查、制定和修订相关制度等工作。各系成立由系主任担任组长的实习工作小组，具体负责各专业学生实习的组织、管理和实施工作。

第十四条　教务处建立健全学生实习管理办法、实习管理责任制和相关管理制

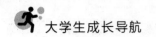

度。各系按照上级部门及学校实习管理制度和要求，会同实习单位制定学生实习具体管理办法、实习指导老师管理办法、毕业实习成绩评定办法、毕业实习安全管理办法、学生实习安全及突发事件应急预案等管理制度。

第十五条 学生参加岗位实习前，无论是学校统一安排还是学生自主联系实习单位，必须签订学校、实习单位、学生三方协议，并依法履行协议中有关条款。未按规定签订实习三方协议的，不得安排学生实习。

第十六条 安排学生实习，要严格遵守国家的有关法律法规，为学生实习提供必要的实习条件和安全健康的实习劳动环境，要依法保障实习学生的基本权利。不得有以下情形：

（一）安排、接收一年级在校学生进行岗位实习；

（二）安排、接收未满16周岁的学生进行岗位实习；

（三）安排未成年学生从事《未成年工特殊保护规定》中禁忌从事的劳动；

（四）安排实习的女学生从事《女职工劳动保护特别规定》中禁忌从事的劳动；

（五）安排学生到酒吧、夜总会、歌厅、洗浴中心、电子游戏厅、网吧等营业性娱乐场所实习；

（六）通过中介机构或有偿代理组织、安排和管理学生实习工作。

（七）安排学生从事Ⅲ级强度及以上体力劳动或其他有害身心健康的实习。

第十七条 除相关专业和实习岗位有特殊要求，并事先按要求报教务处的实习安排外，实习单位应遵守国家关于工作时间和休息休假的规定，不得有以下情形：

（一）安排学生从事高空、井下、放射性、有毒、易燃易爆，以及其他具有较高安全风险的实习；

（二）安排学生在休息日、法定节假日实习；

（三）安排学生加班和上夜班。

第十八条 在实习岗位相对独立参与实际工作、初步具备实践岗位独立工作能力的学生，实习单位应给予适当的实习报酬，实习报酬原则上应不低于本单位相同岗位工资标准的80%或最低档工资标准，并按照实习协议约定，以货币形式及时、足额、直接支付给学生。

第十九条　在遇有自然灾害、事故灾难、公共安全等突发事件或重大风险时，按照属地管理要求，分不同风险等级、实习阶段做好分类管控工作。

第二十条　学院各部门各单位和实习单位不得向学生收取实习押金、培训费、实习报酬提成、管理费、实习材料费、就业服务费或者其他形式的实习费用，不得扣押学生的学生证、居民身份证或其他证件，不得要求学生提供担保或者以其他名义收取学生财物。

第二十一条　实习学生应当遵守学院的实习要求和实习单位的规章制度、实习纪律及实习协议，爱护实习单位设施设备，完成规定的实习任务，撰写实习日志。实习结束时，提交岗位实习鉴定表、实习报告等资料。

第二十二条　各系和实习单位要相互配合，在学生实习全过程中，加强思想政治、安全生产、道德法纪、心理健康等方面的教育。要建立学生实习信息通报制度，校内实习指导教师和实习单位指定的专人要负责学生实习期间的业务指导和日常巡查工作，各系要定期收集学生实习情况，遇有重要情况应当立即报告，不得迟报、瞒报、漏报。

第二十三条　实习单位为实习学生统一提供住宿的，各系应当会同实习单位建立实习学生住宿制度和请销假制度，学生申请在统一安排的宿舍以外住宿的，须经学生家长签字同意，各系备案后方可办理。实习单位不提供住宿的，各系应会同实习单位组织、协调、帮助学生在实习单位周边安排好住宿，并制定相应管理办法。

组织学生跨省或赴国（境）外实习的，按照相关程序和要求报备。

第二十四条　各系要将学生岗位实习的所有数据录入实习管理平台，充分利用实习管理平台加强学生每日签到、实习日志撰写等监督管理。教务处、各系要通过专项检查、随机抽查等方式对学生实习期间各个阶段的情况及成效进行现场检查、巡查与督导。

第四章　实习考核

第二十五条　各系应根据专业特点、实习目标、学生实习岗位等，完善实习考核制度，制定考核方式、考核标准及实习成绩评定办法，与实习单位共同实施考核。

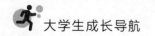

学生实习考核不得简单套用实习单位考勤制度，不得对学生简单套用员工标准进行考核。

第二十六条 学生实习考核成绩记入毕业成绩单，并纳入学籍档案，实习考核不合格者，不予毕业。

第二十七条 各系应对违反规章制度、实习纪律、实习考勤考核要求以及实习协议的学生，进行耐心细致的思想教育，对学生违规行为依照校规校纪和有关实习管理规定进行处理。学生违规情节严重的，经学院与实习单位双方研究后，由学院给予纪律处分；给实习单位造成财产损失的，依法承担相应责任。对受到处理的学生，要有针对性地做好思想引导和教育管理工作。

第二十八条 教务处组织各系做好学生实习情况的立卷归档工作。实习材料包括纸质材料和电子文档，具体包括以下内容：

（一）实习三方协议；

（二）实习方案；

（三）学生实习报告；

（四）学生实习考核结果；

（五）学生实习日志；

（六）学生实习检查记录；

（七）学生实习总结；

（八）有关佐证材料（如照片、音视频等）。

第五章　职　责

第二十九条 教务处职责

（一）负责学院实习工作的宏观指导、协调与管理，建立健全实习管理制度；

（二）负责实习单位的审核与考察；

（三）督促、指导各系修订完善具体的实习相关制度，做好实习相关资料的整理统计及上传等工作，对各系实习工作进行考核；

（四）评定优秀实习指导教师（含实习单位实习指导教师），并建立优秀实习单位指导教师库，从库中邀请优秀的高技术人才或管理人员讲座或兼职授课；

（五）公布岗位实习监督咨询电话，畅通信息受理渠道，及时解答实习相关政策，协调处理反映的情况。

第三十条　学生工作处职责

（一）做好实习班级辅导员的管理与考核；

（二）建立健全学生实习责任保险制度。根据有关规定，为参加岗位实习的学生投保实习责任保险，责任保险范围应覆盖岗位实习全过程，包括学生实习期间遭受意外事故及由于被保险人疏忽或过失导致的学生人身伤亡，被保险人依法应当承担的赔偿责任以及相关法律费用等。

第三十一条　招生就业处职责

负责对在岗实习学生开展就业创业政策的宣传、教育、咨询和就业指导服务工作；协助开发、拓展实习基地。

第三十二条　后勤保卫处职责

负责相关安全知识及防护的宣传教育工作，指导、协助系部开展毕业实习安全教育、安全监管及相关工作。

第三十三条　系部职责

（一）根据专业建设需要，加大校外实习基地建设力度，建设专业对口、满足学生岗位实习要求的实习基地。

（二）根据专业人才培养方案编制岗位实习标准，联系实习单位，签订实习协议，安排实习指导教师，聘请实习单位指导教师，制定岗位实习方案并报教务处审批备案。

（三）确保实习时间，要严格按照人才培养方案执行。

（四）实习前组织学生进行实习动员，加强安全教育，教育学生树立安全第一、预防为主的思想意识，提醒学生要注意交通安全、消防安全、用电安全、外出安全、居家安全和食品安全等。帮助学生明确实习目的、任务、方法和考核办法，做好学生外出实习前的各项准备工作。

（五）加强对实习过程管理，督促和检查实习指导教师的工作状况，为实习指

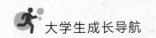

导教师和学生解决实习中的工作和生活问题，妥善处理各种突发事件，确保实习顺利进行。

（六）在实习过程中，加强与实习单位的沟通，鼓励学生在实习单位就业，主动为学生就业做好服务工作。

（七）学生实习时，如有课程补考、重修、毕业设计答辩等工作需在实习单位实施完成的，由系部制定相应方案，通过集中辅导、送教上门、学生自学、线上开展等形式完成。

（八）在实习管理平台上，完成实习基础数据、资料的上传及全过程动态管理、监控等工作。

（九）在实习结束后收集整理相关材料，审核学生实习考核，在规定时间内将学生实习成绩录入教务系统。

（十）组织做好实习的总结工作，做好优秀实习指导教师、优秀实习学生干部、优秀实习学生的推荐工作。

（十一）在本系网站公布岗位实习咨询电话及相关信息，及时解答学生实习咨询，及时处理相关情况。

第三十四条 校内实习指导教师职责

（一）具体负责学生实习期间的指导和管理工作。落实学校和实习单位联合制订的实习计划，依据实习标准，结合学生实习岗位，指导学生制订具体的实习方案。

（二）全面掌握学生实习基本情况、了解学生实习动态，通过实习管理平台或现场监督的方式负责学生毕业期间的考勤、考核，定期采取多种形式与学生联系，并做好翔实的记录。

（三）通过实习管理平台，评阅学生实习日志，及时回复实习学生提出的疑问或意见。经常查看学生在平台上的签到情况，发现长时间没签到的学生要及时联系、跟踪，发现问题及时上报系部及学院。

（四）为人师表、关心学生，积极主动做好学生思想政治教育工作，做好学生的安全教育工作，并定期检查实习进度和质量。

（五）实习结束时，要做好实习总结工作，并指导学生做好个人实习总结，与实习单位指导老师共同评定学生实习成绩。

第三十五条　辅导员（班主任）职责

（一）负责建立临时党团联合支部和班组，指派负责人，并定期与学校指导老师和实习单位指导教师联系，了解实习生动态。

（二）关心学生，为人师表，积极主动做好学生思想政治教育工作，确保实习学生安全和稳定。

（三）实习结束时，协助指导学生做好实习总结工作，协助收集整理实习资料，协助实习指导教师对实习生实习情况进行考核。

第三十六条　实习单位指导教师职责

（一）协助学校实习指导教师指导学生制订具体的实习方案和计划，积极为学生解决实习中的工作和生活问题，妥善处理各种突发事件，确保毕业实习顺利进行。

（二）加强学生业务指导，传授技术、工作方法和经验，培养学生职业能力和素质。

（三）做好学生的日常管理和安全教育工作，及时与学院实习指导教师联系，通报学生实习状态。要关心学生，爱护学生，积极主动做好学生思想政治教育工作，要维护学生合法权益，确保实习学生人身安全、身心健康和思想稳定。

（四）实习结束时，与学校实习指导教师共同对实习生实习情况进行综合评定和考核。

第三十七条　实习学生职责

（一）岗位实习学生具有双重身份，既是一名学生又是一名员工，要强化职业道德，端正实习态度，服从安排，尊敬老师，爱岗敬业，做一名诚信的实习生和文明员工。

（二）自主联系实习单位的学生须经系部、学校审核同意方可实习，并须征得家长同意，填写"常德职业技术学院学生自联实习单位申请表"，同时提供实习单位接受函等相关材料。

（三）实习学生要主动与学校指导教师保持联系，定期汇报实习工作情况，联系方式发生变化要及时报备，积极配合学校和实习单位指导教师做好实习相关工作，

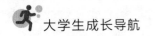

与实习单位建立良好关系。

（四）按照实习方案和岗位特点，认真履行岗位职责，努力提高自己的专业技能。同时安排好自己的学习、工作和生活，培养独立工作能力。

（五）实习学生要严格执行所在岗位操作规程、劳动纪律，爱护劳动工具、仪器、设备，并注意自身安全，防止意外事故发生。学生因违反实习纪律和安全规则造成自身伤害的，由学生本人负责；造成他人伤害和经济损失的，由学生本人及家长承担相应的经济责任和法律责任。

（六）在实习管理平台上按要求完善个人信息，定期签到，按时完成实习日志、实习报告、实习总结等资料。

（七）实习期间有特殊情况需请假时，应征得实习单位的批准，并及时向实习指导教师报告。

（八）实习期间，原则上不得变更实习单位，如确有特殊情况需更换实习单位的，应填写"常德职业技术学院学生更换实习单位申请表"，经审核同意后方可更换，并在 5 个工作日内向校内实习指导教师提交更换后的实习单位详细信息、三方协议等资料。

第六章 附 则

第三十八条 本办法自公布之日起执行，以往规定与本办法不符者，以本办法为准。《常德职业技术学院学生毕业实习管理实施细则（修订）》（常职院发〔2021〕2 号）同时废止。

第三十九条 本办法由教务处负责解释。

学生毕业设计管理办法

第一章　总　则

第一条　为进一步加强学生毕业设计的管理，规范学院的毕业设计工作，确保学生毕业设计的质量，根据省教育厅有关高等职业院校学生毕业设计有关要求，结合学院实际，特制定本办法。

第二条　本办法中所称"毕业设计"指学生毕业学年在指导教师的指导下，独立完成的一项综合性实训项目，以产品制作、工艺设计、方案设计、成果转化、科研课题等形式展现的可评价的成果，意在培养学生综合运用所学专业知识和专业技能解决专业领域中实际问题的能力。

第三条　本办法适用全院全日制三年制、五年制大专学生。

第二章　管理机构与职责

第四条　学院成立学生毕业设计工作领导小组。组长由学院分管教学副院长担任，成员由教务处、现教中心、招生办和招收有全日制学历教育学生的各系、部、中心（以下统称各单位）主要负责人组成。其主要职责是负责全院毕业设计工作的组织、领导和协调工作。

第五条　教务处在工作领导小组的统一领导下，负责全院毕业设计工作的宏观管理与监控。主要职责是：建立健全学院毕业设计工作管理制度；组织协调全院毕业设计工作，监控全院毕业设计质量，对各单位毕业设计工作进行检查与考核；对全院毕业设计工作进行总结。

第六条　现教中心在领导小组的领导下，负责全院毕业设计工作网络技术支持与服务，负责职教新干线空间账号的分配和管理；进一步探索利用其他免费空间展示平台的使用；明确一名技术骨干为各单位和学生上传资料提供技术指导。

第七条　招生办在领导小组的领导下，协助有关单位搞好学籍变更及毕业证电子注册等相关工作。

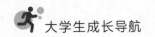

第八条 各单位应成立毕业设计工作领导小组,系主任担任组长,是第一责任人,并明确一名副主任主管此项工作,明确一名专干负责具体的日常工作。完善相关制度,明确相应职责。专任教师、班主任、辅导员应积极参与学生毕业设计的指导和管理,服从安排,认真履行相应的职责。

第三章 毕业设计工作的制度建设

第九条 学院制定并颁布《常德职业技术学院学生毕业设计管理办法》《常德职业技术学院学生毕业设计工作管理机构及职责》《常德职业技术学院学生毕业设计工作及学生毕业设计成果检查与考核办法》等规范性文件。

第十条 各单位应依照省教育厅和学院有关文件精神制定本单位的相关制度文件:《管理机构及职责》《专业毕业设计标准》《专业学生毕业设计成绩评价标准与计分办法》《指导教师指导毕业设计工作的考核办法》及年度各专业毕业设计工作的内容分解、质量标准、进度安排等。

第四章 毕业设计的课程定位

第十一条 "毕业设计"作为一门必修课程列入专业人才培养方案,一般安排在毕业学年实施,包括下达任务、指导选题、组织实施、答辩与成绩评定等环节,原则上集中安排,教学时长根据各专业的特点合理确定。

第十二条 学生毕业设计成绩不合格,视为一门必修课不合格,不能正常毕业。

第五章 毕业设计选题

第十三条 各专业应建立毕业设计选题库,选题库中的选题数量根据办学规模确定,原则上应保证同一选题每年最多不超过3名学生同时使用,每年更新30%左右,每4年全部更新一次。

第十四条 毕业设计选题应符合本专业培养目标,尽量贴近生产、生活实际或来源于现场实际项目,能体现学生进行需求分析、信息检索、方案设计、资源利用、作品(产品)制作、成本核算等能力和安全环保、创新协作等意识的培养要求,有助于培养学生综合运用所学专业知识解决专业领域中实际问题的能力。

第十五条 毕业设计选题的难度和工作量要适当并切实可行,使学生在指导教师的指导下，在规定时间内经努力能按时完成。

第六章　学生毕业设计的基本要求

第十六条　每位学生进行毕业设计的完整过程依次应包含选题、制定任务书、制定设计方案、方案实施、形成作品（产品）、制作成果报告书、教师评阅、答辩、成绩评定等基本环节。

第十七条　学生按照审定的毕业设计方案独立完成设计任务，充分发挥主动性和创造性，实事求是，不得弄虚作假，不得抄袭他人的设计成果，成果具有独创性。

第十八条　毕业设计方案及实施应具有可行性、完整性和可靠性。做到方案完整、规范、科学；能确保项目顺利完成，技术原理、理论依据和技术规范选择合理；设计项目启动、设计任务规划、资料查阅、参数确实、设计方案拟定、设计方案修订、设计成果成型等基本过程及其过程性结论等记录完整；技术标准运用正确，分析、推导逻辑性强，有关参数计算准确，中间数据翔实、充分、明确、合理，引用的参考资料、参考方案等来源可靠。

第十九条　毕业设计作品（产品）应具有科学性、规范性、实用性。保证设计产品（作品）充分应用了本专业新知识、新技术、新工艺、新材料、新方法、新设备，各要素完备，表达准确；完整体现了设计任务书的规定要求，相关表述符合行业标准的要求；作品（产品）有创意，可以有效解决生产、生活实际问题。

第二十条　毕业设计成果报告书应全面总结毕业设计的过程、收获、作品（产品）特点等内容。

第二十一条　学生展示空间注册采用实名制，在"毕业设计展示栏目"中依次上传任务书、设计方案、作品（产品）、成果报告书、毕业设计评阅表、答辩记录、成绩评定表等内容，不得上传与毕业设计无关的内容，严禁上传或发布非法反动内容，严禁散布传播谣言，不发表低级庸俗的言论和图片。

第七章　教师对学生毕业设计的指导

第二十二条　毕业设计指导教师原则上应具有中级以上（含中级）专业技术职称，指导教师确定后一般不能变动。

第二十三条 为保证毕业设计质量，在指导教师数量足够的情况下，每位指导教师指导学生数不超过 15 人。

第二十四条 鼓励企业专家参与学生毕业设计工作，积极探索毕业设计"双导师"制。

第二十五条 指导教师负责学生毕业设计全过程的指导、检查、监督，对每一环节进行审查，提出修改意见，符合要求后方可进入下一环节。

第二十六条 从 2016 年开始，在原毕业设计答辩课时津贴标准不变的基础上，增设毕业设计指导津贴，按每个学生 80 元的标准发放（人数为毕业设计成绩合格总人数），专业人才培养方案中"毕业设计"课程不另行计算课时津贴。

第八章 学生毕业设计的成绩评定

第二十七条 学生毕业设计成绩由过程评价、成果评价、答辩评价三部分组成，各占总评成绩的 30%、50%、20%，最终成绩以 100 分制计。

第二十八条 过程评价成绩在学生毕业设计成果完成后由指导教师根据学生毕业设计全过程的综合表现确定。

第二十九条 成果评价成绩由评阅小组成员（不少于 3 人）审阅学生毕业设计的作品（产品）后根据评分标准确定。

第三十条 答辩评价成绩由答辩小组根据学生在答辩过程中的陈述和回答问题的表现参照评分标准确定。

第三十一条 毕业设计总评成绩不合格的学生（<60 分），允许申请随下一届学生重做一次毕业设计。

第三十二条 毕业设计成绩作为一门必修课，学生成绩应录入学生成绩管理系统，成绩汇总表纸质稿交教务处存档。

第九章 对毕业设计工作的考核

第三十三条 各单位学生毕业设计完成后，向教务处提交"毕业设计工作"栏目链接地址和"学生毕业设计成果"汇总列表。教务处组织各单位开展交叉检查，并将互查结果及时反馈。

第三十四条　教务处在学院内组织专家对各单位的毕业设计工作进行全面检查，对学生毕业设计成果进行抽查，结果向全院公布，并纳入期末教学检查考核的范畴。具体办法另行制定。

第十章　奖励与问责机制

第三十五条　各单位对参与学生毕业设计的指导老师、班主任等人员要进行量化考核，做到考核结果与评先评优、指导津贴挂钩。

第三十六条　在全省毕业设计抽查中，全院综合排名在前 20 名（含第 20 名）内，学院对该项工作给予奖励。

第三十七条　在全省毕业设计抽查中，全院综合排名在后 10 名内，教务处及学院专家抽查结果综合排名在后 3 位的单位主要负责人、分管负责人、专干取消当年的评先评优的资格。

第三十八条　全院毕业设计在全省毕业设计抽查中"不合格"（<60 分），教务处及学院专家抽查结果综合排名在后 3 位的单位主要负责人取消当年的评先评优的资格，学院将追究相关责任。

第三十九条　本办法自发布之日起实施，解释权归学院教务处。

第二节　资助政策

湖南省普通高校学生资助政策简介

（本专科生）

党和政府高度重视高校家庭经济困难学生资助工作。湖南省在高等教育本专科阶段建立了"奖、助、贷、勤、免（减）、补"六位一体资助政策体系。

一、国家奖学金

奖励纳入全国招生计划内的特别优秀的全日制本专科（含高职、第二学士学位）在校生，全国每年奖励 6 万名，每生每年 8000 元，颁发国家统一印制的荣誉

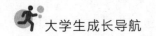

证书。

二、国家励志奖学金

奖励纳入全国招生计划内的品学兼优的家庭经济困难全日制本专科（含高职、第二学士学位）在校生，每生每年5000元。

三、国家助学金

资助纳入全国招生计划内的家庭经济困难全日制本专科在校生（含预科、高职、第二学士学位学生，不含退役士兵学生）。平均资助标准为每生每年3300元，具体标准由高校在每生每年2000~4500元范围内自主确定，可以分为2~3档。全日制在校退役士兵学生全部享受本专科生国家助学金，资助标准为每生每年3300元。

四、国家助学贷款

国家助学贷款是由政府主导，金融机构向高校家庭经济困难学生提供的信用贷款，优先用于支付在校期间学费和住宿费，超出部分可用于弥补日常生活费，每人每年最高不超过16000元，在校期间利息由国家承担。助学贷款期限为学制加15年，最长不超过22年。助学贷款利率按照同期同档次贷款市场报价利率（LPR）减60个基点（LPR5Y-0.3%）执行。国家助学贷款分为生源地信用助学贷款和校园地国家助学贷款，有贷款需求的学生可向户籍所在县（市、区）的学生资助管理部门咨询办理生源地信用助学贷款，或向就读高校学生资助管理部门咨询办理校园地国家助学贷款。借款学生同一学年内不能同时申请生源地信用助学贷款和校园地国家助学贷款。目前，我省只开展生源地信用助学贷款。

五、服兵役高等学校学生国家教育资助

对应征入伍服义务兵役、招收为士官、退役后复学或入学的高等学校学生实行学费补偿、国家助学贷款代偿、学费减免。学费补偿或国家助学贷款代偿金额，按学生实际缴纳的学费或用于学费的国家助学贷款（包括本金及其全部偿还之前产生的利息）两者金额较高者执行；复学或新生入学后学费减免金额，按高等学校实际收取学费金额执行。学费补偿、国家助学贷款代偿以及学费减免的标准，本专科生每生每年最高不超过16000元，超出标准部分不予补偿、代偿或减免。

六、校内资助

各普通高校利用事业收入提取资金以及社会捐助资金，设立校内奖学金、助学金、困难补助、学费减免等资助项目，设置勤工助学岗，给家庭经济困难学生提供通过劳动取得合法报酬，改善学习和生活条件的机会。

七、绿色通道

家庭经济特别困难的新生如暂时筹集不齐学费和住宿费，可在开学报到时，通过高校开设的"绿色通道"先办理入学手续。入学后，高校资助部门根据学生具体情况开展家庭经济困难认定，采取不同措施给予资助。

八、基层就业学费补偿

对我省所属全日制普通高校应届毕业生（委培生、定向生以及在校期间已经享受免学费政策的除外）实行基层就业学费补偿政策。凡到我省51个脱贫地区和冷水江市的县级政府驻地以下地区（不含县级政府驻地）的机关、事业单位，包括乡镇党政机关及所属机构（含大学生村官、三支一扶工作人员、西部志愿者）、县直单位派驻乡镇工作机构，农村中小学及公办幼儿园，国有农（牧、林）场，乡镇卫生院和农业综合服务中心、社会事务中心、便民服务中心、综合执法机构、退伍军人服务站等基层单位，工作3年以上（含3年）的全日制普通高校应届毕业生（包括本专科生（含高职）、研究生、第二学士学位学生）都可享受该政策。补偿标准为博士生每生每年10000元、硕士生及第二学士学位学生每生每年8000元、本科生每生每年5000元、高职高专生每生每年3500元，连续补偿三年。

湖南省本专科生国家奖学金实施细则

第一条　本专科生国家奖学金的奖励对象为纳入全国招生计划的高校全日制二年级以上（含二年级）本专科（含高职、第二学士学位）在校生中特别优秀的学生。特殊学制学生，根据当年所修课程层次确定身份参与相应学段国家奖学金评定。

第二条　本专科生国家奖学金的基本申请条件：

（一）具有中华人民共和国国籍；

（二）热爱祖国，拥护中国共产党的领导；

（三）遵守宪法和法律，遵守学校规章制度；

（四）诚实守信，道德品质优良；

（五）在校期间学习成绩优异，社会实践、创新能力、综合素质等方面特别突出。

第三条 在符合基本条件的前提下，申请人还应满足以下条件之一：

（一）学习成绩与综合考评成绩排名均位于前 10%（含 10%），且没有不及格科目；

（二）学习成绩与综合考评成绩排名未进入前 10% 但达到前 30%（含 30%），且在道德风尚、学术研究、学科竞赛、社会工作、创新发明、体育竞赛、艺术展演等某一方面表现特别突出（需提交详细证明材料且经学校审核盖章）。未进入前 30% 的，不具备申请资格。

"表现特别突出" 主要是指：

1. 在社会主义精神文明建设中表现突出。具有见义勇为、助人为乐、奉献爱心、服务社会、自立自强的实际行动，在本校、本地区产生重大影响，在全国产生较大影响，有助于树立良好的社会风尚；

2. 在学术研究方面取得显著成绩。以第一作者发表通过专家鉴定的高水平论文，以第一、第二作者出版通过专家鉴定的学术专著；

3. 在学科竞赛方面取得显著成绩。在国际和全国性专业学科竞赛、课外学术科技竞赛、中国 "互联网+" 大学生创新创业大赛、全国职业院校技能大赛等竞赛中获一等奖（金奖）及以上奖励；

4. 在创新发明方面取得显著成绩，科研成果获省、部级及以上奖励或获得通过专家鉴定的国家专利（不包括实用新型专利、外观设计专利）；

5. 在重要体育竞赛中取得显著成绩。其中，非体育专业学生参加省级及以上体育比赛获得个人项目前三名或集体项目前两名；高水平运动员参加国际和全国性体育比赛获得个人项目前三名或集体项目前两名（集体项目应为上场的主力队员）；

6. 在艺术展演方面取得显著成绩。其中，非艺术类专业学生参加全国大学生艺术展演获得一、二等奖，参加省级艺术展演获得一等奖；艺术类专业学生参加国际和全国性比赛获得前三名。集体项目应为主要演员；

7. 获得全国十大杰出青年、中国青年五四奖章、中国大学生年度人物等全国性荣誉称号；

8. 其他应当认定为表现非常突出的情形。

第四条　本专科生国家奖学金名额综合考虑高校类别、办学层次、办学质量、在校生人数和生源结构等因素进行分配，并对办学水平较高的高校、以农林水地矿油核师等学科专业为主的高校予以适当倾斜。省学生资助管理中心提出名额分配和资金预算建议方案，报省财政厅、省教育厅审定后下达至各地各高校。

第五条　本专科生国家奖学金每学年评审一次，实行等额评审。评审工作应坚持公开、公平、公正、择优原则，严禁弄虚作假、优亲厚友。同一学年内，获得国家奖学金的本专科生，可同时获得国家助学金，但不能同时获得国家励志奖学金。

第六条　各高校要根据有关文件规定，制定本专科生国家奖学金评审细则，成立评审领导小组，设立评审委员会。评审领导小组由学校分管领导任组长，相关部门负责人为成员，全面领导本校评审工作。评审委员会由具有代表性的管理人员、专家学者和学生代表组成，具体负责评审工作。

第七条　高校学生资助管理机构负责本校本专科生国家奖学金评审工作的具体组织实施，根据评审委员会的评审意见，提出本校获奖学生建议名单，报学校评审领导小组研究审定后，在校内公示不少于 5 个工作日。公示无异议后，于每年 10 月 25 日前将评审工作情况和评审结果报省教育厅。

第八条　省教育厅、省财政厅共同设立本专科生国家奖学金评审领导小组和评审委员会，负责省级审核工作，省教育厅于每年 11 月 10 日前将审核结果报教育部审批。

第九条　本专科生国家奖学金应于每年 12 月 31 日前一次性发放给获奖学生，并将获奖情况记入学生学籍档案。对获得国家奖学金的学生，颁发国家统一印制的荣誉证书。

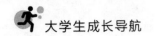

湖南省本专科生国家励志奖学金实施细则

第一条 本专科生国家励志奖学金的奖励对象为纳入全国招生计划的高校全日制二年级以上（含二年级）本专科（含高职、第二学士学位）在校生中品学兼优的家庭经济困难学生，且须同时满足下列基本条件：

（一）具有中华人民共和国国籍；

（二）热爱祖国，拥护中国共产党的领导；

（三）遵守宪法和法律，遵守学校规章制度；

（四）诚实守信，道德品质优良；

（五）在校期间学习成绩优秀；

（六）家庭经济困难，生活俭朴。

第二条 本专科生国家励志奖学金资助名额根据全省平均资助面，综合考虑高校类别、办学层次、办学质量、在校生人数和生源结构等因素进行分配，并对办学水平较高的高校、以农林水地矿油核等学科专业为主的高校予以适当倾斜。省学生资助管理中心提出国家励志奖学金名额分配和资金预算建议方案，报省财政厅、省教育厅审定后下达。

第三条 国家励志奖学金按学年申请和评审，评审机制、评审程序和评审要求参照本专科生国家奖学金的相关规定执行。高校在开展国家励志奖学金评审工作中，要对农林水地矿油核等专业学生予以适当倾斜。每年9月30日前，学生根据本细则规定的国家励志奖学金的基本申请条件及其他有关规定，向学校提出申请。

第四条 同一学年内，获得国家励志奖学金的本专科生，可以同时获得国家助学金，但不能同时获得国家奖学金。我省地方公费定向师范生、公费医学生等实行免学费政策的符合条件的优秀学生，可申请国家励志奖学金。

第五条 高校学生资助管理机构负责本校本专科生国家励志奖学金评审工作的具体组织实施，根据评审委员会的评审意见，提出获奖学生建议名单，报学校评审领导小组研究审定后，在校内公示不少于5个工作日。公示无异议后，各高校于每年 11 月 10 日前将评审结果报省教育厅，省教育厅于 11 月 30 日前批复。

第六条　本专科生国家励志奖学金应于每年 12 月 31 日前一次性发放给获奖学生，并将获奖情况记入学生学籍档案。对获得国家励志奖学金的学生，颁发统一印制的荣誉证书。

第七条　民办高校（含独立学院）按照国家有关规定规范办学、举办者按照规定足额提取经费用于资助家庭经济困难学生的，其招收的符合本细则规定申请条件的普通本专科（含高职、第二学士学位）学生，也可以申请国家励志奖学金。

湖南省本专科生国家助学金实施细则

第一条　本专科生国家助学金（以下简称国家助学金）的资助对象为纳入全国招生计划的高校全日制本专科（含预科、高职、第二学士学位，不含退役士兵学生，下同）在校生中的家庭经济困难学生。全日制在校退役士兵学生全部享受本专科生国家助学金。

第二条　国家助学金的基本申请条件：

（一）具有中华人民共和国国籍；

（二）热爱祖国，拥护中国共产党的领导；

（三）遵守宪法和法律，遵守学校规章制度；

（四）诚实守信，道德品质优良；

（五）勤奋学习，积极上进；

（六）家庭经济困难，生活俭朴。

第三条　本专科生国家助学金（不含退役士兵学生，下同）资助名额根据全省平均资助面，综合考虑高校类别、办学层次、办学质量、在校生人数、生源结构等因素进行分配，并对民族院校、以农林水地矿油核师等学科专业为主的高校予以适当倾斜。省学生资助管理中心提出本专科生国家助学金名额分配和资金预算建议方案，报省财政厅、省教育厅审定后下达。

第四条　普通高校在分配本专科生国家助学金名额时，对原建档立卡家庭经济

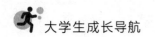

困难学生、最低生活保障家庭学生、特困救助供养学生、孤儿、烈士子女、家庭经济困难的残疾学生及残疾人子女、建档立卡困难职工子女等特殊困难群体要重点予以保障，可结合实际给予较高档次（标准）资助。

我省地方公费定向师范生、公费医学生等实行免学费政策的学生，符合条件的应纳入国家助学金资助范围。对农林水地矿油核师等学科专业的学生要予以适当倾斜。

第五条 本专科生国家助学金每学年评审一次，实行等额评审。每年 9 月 30 日前，学生（不含退役士兵学生）根据本细则规定的国家助学金的基本申请条件及其他有关规定，向学校提出申请。高校要根据有关文件规定，制定本专科生国家助学金评审细则，并抄送省教育厅。

第六条 高校学生资助管理机构负责本校本专科生国家助学金评审工作的具体组织实施，结合家庭经济困难学生认定结果组织评审，提出受助学生建议名单及资助档次，报学校评审领导小组研究通过后，于每年 11 月 10 日前，将本校当年国家助学金政策的落实情况报省教育厅。

第七条 高校原则上应足额按月将本专科生国家助学金发给符合条件的学生。本专科生在学制期内，由于出国、疾病等原因办理保留学籍或休学等手续的，暂停对其发放国家助学金，待其恢复学籍后再行发放。超过基本修业年限的在校生不再享受国家助学金。

第八条 民办高校（含独立学院）按照国家有关规定规范办学、举办者按规定足额提取经费用于资助家庭经济困难学生的，其招收的符合本细则规定申请条件的普通本专科学生，也可以申请国家助学金。

湖南省服兵役高等学校学生国家教育资助实施细则

第一条 服兵役高等学校学生国家教育资助（以下简称服兵役国家教育资助）包括：对应征入伍服义务兵役及招收为军士的高校学生，在入伍时对其在校期间缴纳的学费实行一次性补偿或用于学费的国家助学贷款实行代偿；对退役后，自主就业，通过全国统一高考或高职分类招考方式考入高校并报到入学的新生实行学费减免；对应征入伍服义务兵役前正在高校就读的学生（含按国家招生规定录取的新生），服役期间按规定保留学籍或入学资格、退役后自愿复学或入学的，实行学费减免。

第二条 下列高校学生不享受服兵役国家教育资助：

（一）在校期间已通过其他方式免除全部学费的学生；

（二）定向生（定向培养军士除外）、委培生和国防生；

（三）其他不属于服义务兵役或招收军士到部队入伍的学生。

第三条 对应征入伍服义务兵役和招收为军士的高校学生，在最高资助标准之内，按其实际缴纳学费或获得国家助学贷款（包括本金及其全部偿还之前产生的利息）两者金额较高者执行补偿或代偿；对退役后复学或入学的高校学生，在最高资助标准之内，按学校实际收取学费金额执行减免。超出最高标准的部分，不予补偿、代偿或减免。

第四条 在校期间获得国家助学贷款的学生，其所申请的学费补偿资金必须首先用于偿还贷款本息。办理国家助学贷款的学生应征入伍服兵役后，停止发放国家助学贷款。

第五条 服兵役国家教育资助期限为全日制普通高等学历教育的一个学制期，按照国家对专科（含高职）、本科、研究生、第二学士学位规定的基本修业年限据实计算。复学或入学后攻读更高层次学历的，不在学费减免范围之内。攻读更高层次学历后二次入伍的，可以类比第一次入伍享受更高层次学历教育阶段的资助。

服兵役国家教育资助年限以入伍时间为准，入伍前已完成规定的修业年限，即为学费补偿或贷款代偿年限；退役复学后接续完成规定的剩余修业年限，即为学费减免年限；退役后考入高校的新生，基本修业年限即为学费减免年限。

专升本、本硕连读、中职高职连读、第二学士学位毕业生的服兵役国家教育资助年限，分别按照完成本科、硕士、高职和第二学士学位阶段学习任务规定的基本修业年限计算。专升本学生在专科学习阶段应征入伍的，按专科学制期计算；在本科学习阶段应征入伍的，按本科学制期计算。本硕连读学生在本科学习阶段应征入

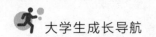

伍的，按本科学制期计算；在硕士学习阶段应征入伍的，按硕士学制期计算。中职高职连读的学生，按高职学制期计算。

第六条 申请学费补偿或贷款代偿的程序：

（一）应征报名的高校学生登录全国征兵网，按要求在线填写、打印申请表（一式两份），提交高校学生资助管理机构。在校期间获得国家助学贷款的学生，需同时提供贷款合同复印件和本人签字的一次性偿还贷款计划书；

（二）高校相关部门对申报学生的资助资格、标准、金额等相关信息审核无误后，在申请表上加盖公章，一份留存，一份返还学生；

（三）学生在征兵报名时将申请表交至入伍所在地县级征兵办。学生被批准入伍后，县级征兵办将加盖公章的申请表返还学生；

（四）学生将申请表原件和入伍通知书复印件，寄送至原就读高校学生资助管理机构；

（五）高校学生资助管理机构对学生申报材料核实无误后，登陆上传至省级管理系统，待省级复核通过后，将审核通过的学生信息及时导入全国学生资助管理信息系统。

第七条 办理国家助学贷款的学生，如果所申报的贷款代偿资金不足以偿还国家助学贷款的，应主动与银行重新签订还款计划，偿还剩余部分国家助学贷款。

往届毕业生申请贷款代偿的，由学生本人继续按原还款协议自行偿还国家助学贷款，凭贷款合同和已偿还的贷款本息银行凭证向学校申请代偿资金。

第八条 退役后自愿回校复学或入学的学生以及退役后考入高校的入学新生，到高校报到后登录全国征兵网，按要求在线填写、打印申请表（一式两份），并提交退役证书复印件，向所就读高校一次性提出学费减免申请。高校学生资助管理部门对其申报材料核实无误后，登陆上传至省级管理系统，待省级复核通过后，及时办理学费减免手续，逐年减免学费，不得先收后退。

第九条 退兵学生或被部队除名的学生，取消其服兵役国家教育资助的受助资格。退兵学生或被部队除名的学生如返回原户籍所在地，其已获得的学费补偿或贷款代偿资金由户籍所在地县级教育部门会同同级征兵办收回；如返回其原就读高校，其已获得的学费补偿或贷款代偿资金由原就读高校会同退役安置地县级征兵办收回。申请学费减免的退役高校学生如中途退学，学校应收缴其剩余学制减免学费。县级教育部门和高校应在收回上述资金后，及时逐级汇总上缴至全国学生资助管理中心。

第十条　因部队编制员额缩减、国家建设需要、因战因公负伤致残、因病不适宜在部队继续服役、家庭发生重大变故需要退役等原因，经组织批准提前退役的学生，仍具备受助资格。其他非正常退役学生的受助资格，由省人民政府征兵办公室商省教育厅确定。

第十一条　每年 10 月 31 日前，各高校将本年度入伍资助经费使用情况报省学生资助管理中心，省学生资助管理中心审核通过后于每年 11 月 10 日前报全国学生资助管理中心。

第十二条　各高校应在收到财政下达的服兵役国家教育资助资金 30 个工作日内，一次性将资助资金发放给受助学生。如财政预拨资金不足，各高校应先行垫付，次年据实清算。

湖南省生源地信用助学贷款政策介绍

一、资助对象

被全日制普通高校正式录取的湖南省户籍家庭经济困难新生和在读学生。

二、申请条件

1. 具有中华人民共和国国籍；

2. 诚实守信，遵纪守法；

3. 被根据国家有关规定批准设立了实施高等学历教育的全日制普通本科高校、高等职业学校和高等专科学校（含民办高校和独立学院）、科研院所、党校、行政学院、会计学院（学校名单以教育部公布的为准）正式录取，取得真实、合法、有效的录取通知书的新生（含预科生）或普通高校在读的本专科学生和第二学士学位学生；

4. 学生本人入学前户籍、共同借款人（父母或其他法定监护人）户籍均在本县（市、区）；若共同借款人不是借款学生父母或其监护人时，应为满 18 周岁具有完全民事行为能力的自然人；

5. 学生当年没有获得其他金融机构经办的国家助学贷款；

6. 家庭经济困难，所能获得的收入不足以支付在校期间完成学业所需的基本费用。

三、办理程序

生源地信用助学贷款按年度申请、审批和发放，学生到户籍所在地学生资助管理中心申请办理。首先，登录学生在线系统（https：//sls.cdb.com.cn），完成注册并填写个人及共同借款人基本信息，提交贷款申请，打印"申请表"并签字。然后，上传申请材料。系统提示通过预申请的学生，打印"申请表"并签字后，按系统提示上传申贷材料。未进行预申请，但确因家庭经济困难需要申办贷款的学生，可按照实际情况填写"家庭经济困难学生认定表"，作为家庭经济困难认定依据申办贷款。县级学生资助管理中心负责对学生提交的申请进行资格初审，国家开发银行湖南省分行负责最终审批并发放贷款。

四、贷款额度

全日制普通本专科学生（含第二学士学位学生、高职学生、预科生）每人每年可申请贷款额度最高不超过 16000 元，不低于 1000 元。

五、贷款贴息

2023 年秋季学期起，新签订合同的助学贷款利率按照同期同档次贷款市场报价利率（LPR）减 60 个基点执行。学生在校期间的利息由财政全部补贴，毕业后的利息由借款学生和家长（或其他法定监护人）共同负担。

六、贷款期限和还款方式

生源地信用助学贷款期限原则上按全日制本专科学制年限加 15 年确定，最长不超过 22 年，贷款不展期。学生正常学制毕业后 5 年期间为偿还本金宽限期，偿还本金宽限期结束后，由借款学生和家长（或其他法定监护人）按借款合同约定，于每年 12 月 20 日前，通过助学贷款手机 APP、支付宝、POS 机、代理银行机构按年度分期偿还贷款本息。贷款到期日为贷款最后一年的 9 月 20 日。

学院家庭经济困难学生认定实施暂行办法

为做好学院家庭经济困难学生认定工作，进一步提高学生资助精准度，根据教育部等六部门《关于做好家庭经济困难学生认定工作的指导意见》（教财〔2018〕16 号）和省教育厅等八部门《关于印发〈湖南省家庭经济困难学生认定实施办法〉的通知》（湘教发〔2019〕30 号）等文件精神，结合学院实际情况，制定本办法。

第一章　总　则

第一条　本办法所称的学生，是指在我院就读的全日制专科学生（含合作办学五年制高职四、五年级学生）。

第二条　本办法所称的家庭经济困难学生，是指本人及其家庭的经济能力难以满足在校期间的学习和生活基本支出的学生。

第三条　认定家庭经济困难学生应当坚持实事求是、客观公正；坚持定量评价与定性评价相结合；坚持公开透明与保护隐私相结合；坚持积极引导与自愿申请相结合；坚持民主评议与学院评定相结合。

第四条　家庭经济困难学生认定结果，作为学院落实国家资助以及实施校内资助的主要依据。国家资助政策对资助对象有明确指定的，按照相关规定执行。

第二章　认定机构与职责

第五条　学院成立学生资助工作领导小组，分管学生工作的院级领导为组长，相关部门负责人为成员，领导、协调、监督学院家庭经济困难学生认定工作；学生资助管理中心具体负责家庭经济困难学生认定的组织管理工作；各系成立以分管学生工作领导为组长，资助工作干事、辅导员代表等相关人员参加的认定工作组，负责具体组织实施。

第六条　各系以班级为单位，成立以辅导员任组长，学生代表为成员的认定评议小组，对认定对象进行民主评议，评议情况作为认定工作的重要依据。评议小组

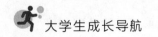

成员要具有广泛的代表性，学生人数一般不少于班级总人数的 10%。申请家庭经济困难认定的学生不得为评议小组成员。

第七条 各系家庭经济困难学生认定工作组和班级评议小组的成员名单应在本系和本班公示，接受老师、学生及其监护人的监督。认定工作组名单报学生资助管理中心备案，评议小组名单由各系存档。

第三章 认定依据与等级

第八条 申请认定为家庭经济困难学生，应具备以下基本条件。

（一）热爱祖国，拥护中国共产党领导；

（二）遵守宪法和法律，遵守学校规章制度；

（三）诚实守信，道德品质优良；

（四）学习勤奋，积极上进；

（五）家庭经济困难，生活俭朴；

学生虽具有学籍但已辍学或休学的学生，在辍学或休学期间暂停申请资格。

第九条 家庭经济困难学生分为特别困难、困难和一般困难三个等级，主要依据以下因素进行认定。

（一）家庭经济因素。主要包括家庭收入、资产、负债等情况；

（二）特殊群体因素。主要是指是否属于原建档立卡贫困家庭学生、最低生活保障家庭学生、特困供养学生、孤儿、烈士子女、事实无人抚养学生、建档立卡困难职工子女、家庭经济困难的残疾学生及残疾人子女等情况；

（三）突发状况因素。主要是指遭受重大自然灾害、重大突发意外事件等情况；

（四）家庭负担因素。主要是指赡养老人、抚养子女、教育支出、医疗支出等情况；

（五）学生消费因素。主要是指学生消费的金额、结构等情况；

（六）经济社会发展水平因素。主要指学生户籍地经济发展水平、城乡居民最低生活保障标准，学校所在地物价水平及学校收费标准等情况。

第十条 具备下列情形之一者，认定为特别困难等级。

（一）属于扶贫部门认定的原建档立卡贫困家庭学生；

（二）属于民政部门认定的最低生活保障家庭学生、特困供养学生、孤儿、事实无人抚养学生；

（三）属于退役军人事务部门认定的烈士子女；

（四）属于残联部门认定的家庭经济困难残疾学生或残疾人子女；

（五）属于工会部门认定的建档立卡困难职工子女；

（六）因遭受重大自然灾害、重大突发意外事件而导致家庭经济特别困难的；

（七）学生本人或其家庭成员患重大疾病，需要承担巨额医疗费用，造成家庭经济特别困难的；

（八）因其他原因导致家庭经济特别困难的。

第十一条　具备下列情形之一者，认定为困难等级。

（一）学生消费支出明显低于本地或本校学生平均水平，难以满足学习和生活基本需要的；

（二）家庭经济收入低于当地平均水平，且家庭成员有残疾人或因患病需要承担大额医疗费用的；

（三）单亲家庭且与学生共同生活的父（母）亲经济收入低于当地平均收入水平的；

（四）因遭受自然灾害、突发意外事件而导致家庭经济比较困难的；

（五）因其他原因造成家庭经济困难的。

第十二条　不具备本办法第十条、十一条所列情形，但家庭经济收入偏低或者家庭经济负担较重，不能满足学生在校期间的学习和基本生活支出的，认定为一般困难等级。

第十三条　具备下列情形之一者，不得纳入家庭经济困难学生认定范围，已经通过认定的，应取消其资助资格。

（一）思想政治素质低劣或道德品质败坏，且屡教不改的；

（二）严重违反法律法规和学校规章制度，且屡教不改的；

（三）学生或监护人恶意提供虚假信息，隐瞒本人或其家庭资产或收入的；

（四）学生日常消费明显高出本校学生整体水平，经常使用高档奢侈品或者进行高消费的；

（五）其他不适宜认定为家庭经济困难学生的。

第四章　认定程序

第十四条　学院每学年集中组织两次家庭经济困难学生认定，春季学期针对非毕业生开展认定；秋季学期针对入学新生开展认定。全年可根据学生家庭经济情况变化，对全院家庭经济困难学生名单及认定结果进行动态调整。

第十五条　学院家庭经济困难学生认定，包括提前告知、宣传引导、个人申请、辅导员审核、民主评议、系部审核、学院认定、结果公示、建档备案等工作程序。

（一）提前告知。学院在向新生寄送录取通知书时，同时寄送"家庭经济困难学生认定申请表"（以下简称"申请表"），并做好大学生资助政策宣传工作。

（二）宣传引导。启动认定工作后，开展家庭经济困难学生认定的政策宣讲，针对特殊群体学生，辅导员进行一对一宣传，引导学生自愿申请认定，合理使用国家资助完成学业。

（三）个人申请。学生本人自愿提出申请，如实填报"申请表"，并提供能够真实反映其家庭经济状况的支撑材料。

（四）辅导员审核。辅导员对学生申请材料的真实及合理性进行审核，针对非特殊群体学生，参照"学生家庭经济困难程度分析表"对认定对象的困难等级进行分析赋分。

（五）民主评议。班级评议小组对照认定标准，参考"学生家庭经济困难程度分析表"分值，综合考虑学生日常消费情况、在校表现以及影响家庭经济状况的有关因素进行民主评议，初步提出家庭经济困难学生名单和认定的困难等级，并上报系部认定工作组。

（六）系部审核。各系认定工作组负责对评议小组提出的家庭经济困难学生名单及认定等级进行审核，并在本系范围内公示 3 个工作日，如无异议，上报学生资助管理中心。

（七）学院认定。学生资助管理中心对各系报送的家庭经济困难学生名单及认定等级进行汇总复核，报学院资助工作领导小组批准。

（八）结果公示。家庭经济困难学生名单及认定等级经学院资助工作领导小组审核批准后，以适当方式、在一定范围内公示5个工作日。

（九）建档备案。学院将公示无异议的家庭经济困难学生名单、"申请表"及相关支撑材料一同建档造册，并将学生信息录入湖南省学生资助管理信息系统和全国学生资助管理信息系统。各系按照最终确定的家庭经济困难学生名单完善更新本系家庭经济困难学生信息库。

第十六条 在认定工作中要维护学生人格尊严，保护学生隐私，严禁让学生当众诉苦、互相比困。公示时，严禁涉及学生个人敏感信息及隐私。公示期满后，应及时去除相关公示信息。

第十七条 老师、学生及其监护人对认定结果有异议的，可在公示期间通过书面方式向系部认定工作组或学院资助工作领导小组提出复核申请，受理机构应在3个工作日内予以答复。如复核申请所反映的情况属实，受理机构应及时做出调整或改正。

第五章 监督与管理

第十八条 加强资助信息安全管理，规范各类学生资助信息的查阅、复印、流转、公示、存档等工作流程，严格规定学生资助信息的使用权限，不得泄露学生资助信息。

第十九条 加强学生诚信教育，要求申请认定的学生如实提供其家庭经济状况及变动情况，并书面承诺提供的信息真实有效。学院不定期抽取一定比例的家庭经济困难学生，通过函询、走访等多种渠道核实其家庭经济状况，如发现不符合认定条件的，一经查实，则取消该生的认定资格，记入诚信档案，追回其已获得的相关资助资金。

第二十条 已被认定为家庭经济困难的学生，若家庭经济状况发生显著变化，应及时告知学校，学院重新评估学生家庭经济状况，确定其是否仍为家庭经济困难学生或调整其困难等级。

未被认定为家庭经济困难的学生，若家庭经济状况发生显著变化，也应及时告知学校，并提出申请，学院评估学生家庭经济状况，确定其是否为家庭经济困难学生并认定困难等级。

第六章 附 则

第二十一条 本办法由学生工作处负责解释。

第二十二条 本办法自公布之日起施行，原办法同时废止。

学院国家奖助学金评审管理办法

第一章 总 则

第一条 为进一步规范和加强学生资助资金管理，落实国家资助政策，根据财政部、教育部、人力资源社会保障部、退役军人部、中央军委国防动员部《关于印发〈学生资助资金管理办法〉的通知》（财教〔2021〕310号）和湖南省财政厅等五部门《关于印发〈湖南省学生资助资金管理办法〉的通知》（湘财教〔2022〕13号）等文件精神，结合学院实际制定本办法。

第二条 为激励普通高校全日制本专科学生勤奋学习、努力进取，在德、智、体、美、劳等方面全面发展，中央和地方政府共同出资设立了"国家奖学金""国家励志奖学金"和"国家助学金"。国家奖学金用于奖励在校生中特别优秀的学生；国家励志奖学金用于奖励在校生中品学兼优的家庭经济困难学生；国家助学金用于资助在校生中家庭经济困难学生。

第三条 本专科生国家奖助学金资助标准：

（一）国家奖学金标准为每年8000元/人；

（二）国家励志奖学金标准为每年5000元/人；

（三）国家助学金标准为：一等助学金每年4400元/人，二等助学金每年3300元/人，三等助学金每年2200元/人。

第四条　国家奖助学金评审工作应坚持公开、公平、公正、择优原则，严禁弄虚作假、优亲厚友，工作人员因滥用职权、玩忽职守、徇私舞弊以及违反规定分配或挤占、挪用、虚列、套取学生资助资金的，将依法追究相应责任。

第二章　申请条件

第五条　国家奖学金申请条件：

（一）具有中华人民共和国国籍；

（二）热爱祖国，拥护中国共产党的领导；

（三）遵守宪法和法律，遵守学校规章制度；

（四）诚实守信，道德品质优良；

（五）在校全日制二年级及以上学生，学习成绩优异，社会实践、创新能力、综合素质等方面特别突出；

在符合上述基本条件的前提下，申请人还应满足以下条件之一：

（一）年度学习成绩与综合考评成绩均在前10%（含10%），且无不及格科目；

（二）年度学习成绩与综合考评成绩排名未进前10%但达到前30%（含30%），且在道德风尚、学术研究、学科竞赛、社会工作、创新发明、体育竞赛、艺术展演等某一方面表现特别突出（具体见附件1）。

第六条　国家励志奖学金申请条件：

（一）具有中华人民共和国国籍；

（二）热爱祖国，拥护中国共产党的领导；

（三）遵守宪法和法律，遵守学校规章制度；

（四）诚实守信，道德品质优良；

（五）在校全日制二年级及以上学生，年度学习成绩排名与综合考评成绩排名均位于前30%（含30%），且无不及格科目；

（六）经认定为家庭经济困难的学生，生活俭朴。

第七条　国家助学金的申请条件：

（一）具有中华人民共和国国籍；

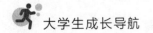

（二）热爱祖国，拥护中国共产党的领导；

（三）遵守宪法和法律，遵守学校规章制度；

（四）诚实守信，道德品质优良；

（五）勤奋学习，积极上进；

（六）经认定为家庭经济困难的学生，生活俭朴。

第八条 同一学年内，学生可以同时申请并获得国家助学金和国家奖学金（或国家励志奖学金），但不能同时获得国家奖学金和国家励志奖学金。

第三章 评审组织

第九条 学院成立国家奖助学金评审领导小组，由分管学生工作的院级领导任组长，相关部门负责人、各系学生工作负责人等为成员，全面领导、协调、监督国家奖助学金的评审工作；设立评审委员会，具体负责学院评审工作。学生资助管理中心负责制定学院国家奖助学金评审管理办法，具体组织和管理评审工作。

第十条 各系成立国家奖助学金评审工作小组，由系部分管领导任组长，资助工作干事、辅导员、学生代表等为成员，评审工作小组负责制定本系评审工作实施细则，组织学生申报和开展初步评审等工作。

第十一条 各系评审工作小组须有本系各年级、各专业的学生代表，总数不得低于5人。申请国家奖助学金的学生不得为评审小组成员，评审小组名单要在本系范围内公示，接受老师、学生及其监护人的监督。

第四章 评审实施

第十二条 国家奖助金每学年评审一次，一般9月中旬启动国家奖学金申报、评审工作；10月中旬启动国家励志奖学金、助学金申报及评审工作。

第十三条 国家奖助学金实行等额评审，在启动申报、评审工作前，学生资助管理中心将根据省教育厅下达的奖助学金名额，综合考虑各系在校生人数、家庭经济困难学生人数、学科专业（适当向农林专业倾斜）等因素提出名额分配方案，报学院国家奖助学金评审领导小组批准后下达。

第十四条 国家奖助学金评审程序：

（一）学生申请。各系做好资助政策宣传工作，引导鼓励符合评审条件的学生自愿提交申请。学生填写"国家奖学金申请审批表""国家励志奖学金申请审批表"或"国家助学金申请审批表"，同相关申请材料一并交辅导员审核。

（二）辅导员审核。辅导员对学生申请材料的真实及准确性进行审核，针对国家奖学金申请者，重点审核学业成绩、综合考评成绩是否符合相应的申请条件；针对国家励志助学金申请者，重点审核是否已认定为家庭经济困难学生，学业成绩、综合考评成绩是否符合相应的申请条件；针对国家助学金申请者，重点审核是否已认定为家庭经济困难学生，并结合认定困难等级，提出资助建议档次，再将本班审核通过的学生申请材料上报系部。

（三）系部初审。各系评审工作小组根据本系制定的评审工作实施细则，对申请学生进行初步审核，并将通过审核的学生名单在本系公示 5 个工作日，公示无异议后，将初审通过学生名单及相关申请材料一并上报学生资助管理中心。

（四）学院审核。学生资助管理中心组织学院评审委员会成员对通过系部初审的学生进行审核，提出本院获奖或受助学生建议名单，报学院评审领导小组研究审定。

（五）公示上报。获奖或受助学生名单经学院评审领导小组审核批准后，在校内公示 5 个工作日，公示无异议后，将评审工作情况及结果上报省教育厅。

第十五条　在国家励志奖学金、国家助学金评审工作中要维护学生人格尊严，保护学生隐私，严禁让学生当众诉苦、互相比困。公示时，严禁公示学生的敏感信息及隐私。

第十六条　学校老师、学生及其监护人对评审结果有异议的，可在公示期内向系部评审工作小组或学院评审工作领导小组提出复核申请，受理机构应在 3 个工作日内予以答复。如复核申请反映的情况属实，受理机构应及时作出调整或更正。

第十七条　国家助学金一般分秋季、春季两学期发放，如秋季学期获评助学金的学生在春季学期助学金发放前退学或休学，则取消其资助资格并转评其他在校家庭经济困难学生，春季学期助学金发放给转评对象。

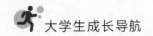

第五章　资金发放与管理

第十八条　省教育厅批复且资金划拨到学校后，学生工作处会同计财处将国家奖学金、国家励志奖学金在每年 12 月 31 日前一次性发放给获奖学生；国家助学金分两学期发放，每学期发放 50%，每年 12 月 31 日前发放秋季学期助学金，每年 6 月 30 日前发放春季学期助学金。

第十九条　国家奖学金获得者颁发教育部统一印制的荣誉证书，国家励志奖学金获得者颁发省教育厅统一印制的荣誉证书，获奖情况记入学生学籍档案。

第二十条　各系负责审核获奖或受助学生信息，并配合学生资助管理中心按"3 个 100%""三个零误差"要求将信息录入国家奖学金评审系统、湖南省学生资助管理信息系统和全国学生资助管理信息系统；如因系部迟报、少报、漏报、错报学生信息导致学院下年度上级下拨奖助学金预算减少，将酌情扣减系部下年度奖助学金名额。

第二十一条　学生资助管理中心及各系要加强信息公开，及时公布评审办法、评审细则、评审机构、工作流程、评审结果等信息，接收社会监督。要加强学生资助信息安全管理，确保学生资助信息等隐私敏感数据得到保护。

第二十二条　学生资助管理中心及各系应将学生申请表及相关材料、评审结果、公示材料、资助学生名册、资金发放凭证等资料分年度整理归档，接受财政、审计、纪检监察等有关部门的监督检查，确保资金使用安全。

第六章　附　则

第二十三条　本办法由学生工作处负责解释。

第二十四条　本办法自公布之日起施行，原办法同时废止。

附件 1

国家奖学金申请条件中关于在道德风尚等某一方面
表现特别突出的具体说明

学生在道德风尚、学术研究、学科竞赛、社会工作、创新发明、体育竞赛、文艺展演等某一方面表现特别突出，具体指：

1. 在社会主义精神文明建设中表现突出。具有见义勇为、助人为乐、奉献爱心、服务社会、自立自强的实际行动，在本校、本地区产生重大影响，在全国产生较大影响，有助于树立良好的社会风尚；

2. 在学术研究方面取得显著成绩。以第一作者发表通过专家鉴定的高水平论文，以第一、第二作者出版通过专家鉴定的学术专著；

3. 在学科竞赛方面取得显著成绩。在国际和全国性专业学科竞赛、课外学术科技竞赛、中国"互联网+"大学生创新创业大赛、全国职业院校技能大赛等竞赛中获一等奖（金奖）及以上奖励；

4. 在创新发明方面取得显著成绩，科研成果获省、部级及以上奖励或获得通过专家鉴定的国家专利（不包括实用新型专利、外观设计专利）；

5. 在重要体育竞赛中取得显著成绩。其中，非体育专业学生参加省级及以上体育比赛获得个人项目前三名或集体项目前两名；高水平运动员参加国际和全国性体育比赛获得个人项目前三名或集体项目前两名（集体项目应为上场的主力队员）；

6. 在艺术展演方面取得显著成绩。其中，非艺术类专业学生参加全国大学生艺术展演获得一、二等奖，参加省级艺术展演获得一等奖；艺术类专业学生参加国际和全国性比赛获得前三名。集体项目应为主要演员；

7. 获得全国十大杰出青年、中国青年五四奖章、中国大学生年度人物等全国性荣誉称号；

8. 其他应当认定为表现非常突出的情形。

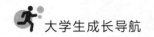

学院学生奖学金管理办法

第一章　总　则

第一条　为进一步加强校风建设，激励广大学生遵纪守法、勤奋学习、积极进取，促进学生在德智体美劳等方面得到全面发展，综合素质不断提高，根据国家奖学金管理有关规定，结合学校实际，特制定本办法。

第二条　学院学生奖学金由学院出资设立，学院按一定比例从事业收入中提取相应资金用于奖励学院全日制在校学生中优秀的学生，学院奖学金评审委员会根据各系学生人数、政策导向等因素确定各系奖学金总额。

第三条　学生奖学金的评选工作坚持公平、公正、公开和实事求是的原则。奖学金专款专用，同时接受学院纪检监察、审计以及上级主管部门的检查和监督。

第二章　评审机构与职责

第四条　学院成立奖学金评审委员会，由学院分管领导和学生处、教务处、计财处、纪检监察室等部门负责人组成。主任由分管学生工作的院领导担任。奖学金评审委员会下设办公室，办公室设在学生处。

第五条　学生处负责学生奖学金的评审工作，并对各系奖学金评选工作进行检查、监督和考核，组织审议各系推荐的获奖学生名单。

第六条　各系成立奖学金评审工作小组，负责本系奖学金的评审工作。各系评审工作小组成员应包括：分管学生工作负责人、分管教学工作负责人、学生干事、辅导员代表、班主任代表和学生代表等。

第三章　奖学金设置和评选条件

第七条　综合奖学金设四类：特等奖学金、甲等奖学金、乙等奖学金和丙等奖学金。

第八条　综合奖学金奖励标准

特等奖学金：3000 元/年/人；

甲等奖学金：2000 元/年/人；

乙等奖学金：1500 元/年/人；

丙等奖学金：1000 元/年/人。

第九条　*综合奖学金的基本申请条件*

（一）热爱社会主义祖国，拥护中国共产党的领导，坚持四项基本原则，政治思想素质高，自觉遵守宪法和法律，模范遵守学院各项规章制度，德、智、体、美、劳等方面全面发展，学年度第二课堂成绩在 70 分以上（或操行分在 90 分以上）。

（二）参评学年度无下列情形：留级、休学；无正当理由拖欠学费；未正常报到注册；违纪违规受到纪律处分。

（三）积极参加社会实践和集体活动。

（四）学习成绩优异。各等级综合奖学金相应学习成绩的要求：

1. 特等奖学金

（1）学习成绩特别优秀，参评学年度各科考试成绩平均 95 分以上（含 95 分），单科成绩 90 分以上（含 90 分），各考查课成绩为优秀。

（2）积极参加集体活动，体育成绩达到国家体育锻炼优秀标准。

2. 甲等奖学金

（1）学习成绩优秀，参评学年度的学业成绩平均 90 分以上（含 90 分），且排名在本年级本专业评选范围的 5% 以内。

（2）积极参加集体活动，体育成绩达到国家体育锻炼优秀标准。

3. 乙等奖学金

（1）学习成绩优秀，参评学年度的学业成绩平均 85 分以上（含 85 分），且排名在本年级本专业评选范围的 8% 以内。

（2）积极参加集体活动，体育成绩达到国家体育锻炼良好标准。

4. 丙等奖学金

（1）学习成绩良好，参评当学年度的学业成绩平均 80 分以上（含 80 分），且排名在本年级本专业评选范围的 10% 以内。

（2）积极参加集体活动，体育成绩达到国家体育锻炼合格标准。

第十条 单项奖学金设七类：学习突出奖、社会实践奖、社会公益活动奖、特殊贡献奖、优秀干部奖、创新创业奖、文体活动积极奖。

第十一条 单项奖学金奖励标准：500元/年/人

第十二条 单项奖学金的基本申请条件

（一）热爱社会主义祖国，拥护中国共产党的领导，坚持四项基本原则，政治思想素质高，自觉遵守宪法和法律，模范遵守学院各项规章制度，德、智、体、劳等方面表现好，学年度第二课堂成绩在70分以上（或操行分在90分以上）。

（二）参评学年度无下列情形：留级、休学；无正当理由拖欠学费；未正常报到注册；违纪违规受到纪律处分。

（三）单项奖学金相应的要求

1. 学习突出奖

参评学年度学习成绩在本班排名前六名且各科成绩均在及格以上，综合考评优良，且未获得其他奖学金者。

2. 社会实践奖学金

参评学年度积极参加社会实践活动并取得优异成绩（写出有价值的调查报告、产生良好的社会影响、受到省市级及以上表彰奖励）。且未获得其他奖学金者。

3. 社会公益活动奖

参评学年度在社会公益活动中或在青年志愿者工作中成绩非常突出，产生较好的社会影响，或成为学生道德楷模。

4. 特殊贡献奖

参评学年度因见义勇为、好人好事等方面被社会媒体广泛报道具有良好社会影响力，或其行为被学院行文表彰，或其案例被学院正式推广；或为学院发展做出重要贡献者。

5. 优秀干部奖

在院学生会、院团委、院易班发展中心、系学生会、系团委、系易班发展中心等学生组织中表现突出、工作责任心强，工作认真负责，在学生中能起到模范带头作用的学生干部。参评比例：院系各类优秀干部的5%，奖金不兼得，奖金就高不就低。

6. 创新创业奖

参评年度评选对象：各系创新创业部学生干部、创新创业团队成员、创新创业实践活动积极分子且在创新创业方面有突出表现并取得优异成绩。

7. 文体活动积极奖

参评年度积极参加各项文体活动，服从安排，在文体活动中能够发挥自身作用且表现突出或取得优异成绩。

第四章　评审程序

第十三条　学院奖学金每学年秋季学期组织评选，由学生自行申请，实行等额评审。

第十四条　学院奖学金的一般评审程序如下：

（一）学院奖学金评审委员会办公室按学生人数比例向各系部分配奖学金额度。

（二）各系奖学金评审工作小组对申请学院奖学金学生根据标准比例进行初评。

（三）各系对初评结果进行系部公示并上报至学生处。

（四）学生处根据系部上报的初评结果进行评审。

（五）学生处拟定获奖学生名单，并在全院进行公示评审结果。

（六）公示无异议后，由学院奖学金管理委员会审定获奖名单。

（七）表彰获奖学生，并发放荣誉证书和奖金。

第十五条　学院奖学金评选采用院、系两级公示制度，各级公示时间不少于5个工作日。

第五章　奖学金发放、管理与监督

第十六条　学院于每年12月将学生奖学金一次性打卡发放给获奖学生，颁发奖励证书，获奖学金的学生要填写"奖学金申请表"，由各系负责存入学生本人档案。

第十七条　必须严格执行国家相关财经法规和本办法的规定，对学生奖学金实行分账核算，专款专用，不得截留、挤占、挪用，同时接受纪检监察、审计以及上级主管部门的检查和监督。

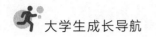

第六章　附　则

第十八条　同一事项符合多项奖学金条件的，按"就高不就低"的原则，只享受一项奖学金，不重复奖励。

第十九条　本办法由学生工作处负责解释。

第二十条　本办法自发布之日起施行。原《学院学生奖学金发放办法》同时废止。

学院学生助学金评选管理暂行办法

第一章　总　则

第一条　为体现党和政府对家庭经济困难的普通高等学校学生的关怀，帮助他们顺利完成学业，激励他们勤奋学习、努力进取，促进他们德、智、体、美、劳等方面全面发展，学院设立了"学院助学金"。根据国家助学金管理有关规定，结合学院实际，特制定本办法。

第二条　学院学生助学金由学院出资设立，学院按一定比例从事业收入中提取相应资金用于资助学院全日制在校学生中贫困的学生，学院助学金评审委员会根据各系困难学生人数、政策导向等因素确定各系助学金总额。

第三条　学生助学金的评选工作坚持公平、公正、公开和实事求是的原则。助学金专款专用，同时接受学院纪检监察、审计以及上级主管部门的检查和监督。

第二章　评审机构与职责

第四条　学院成立助学金评审委员会，由学院分管领导和学生工作处、教务处、计划财务处、纪检监察室等部门负责人组成。主任由分管学生工作的院领导担任。助学金评审委员会下设办公室，办公室设在学生工作处。

第五条　学生工作处负责学生助学金的评审工作，并对各系助学金评选工作进行检查、监督和考核，组织审议各系推荐的受助学生名单。

第六条　各系成立助学金评审工作小组，负责本系助学金的评审工作。各系评审工作小组成员应包括：分管学生工作负责人、分管教学工作负责人、学生干事、辅导员代表、班主任代表和学生代表等。

第三章 助学金设置和评选条件

第七条 助学金设二类：甲等助学金、乙等助学金。

第八条 助学金奖励标准

甲等助学金：2000 元/年/人；

乙等助学金：1000 元/年/人。

第九条 助学金的基本申请条件

（一）热爱社会主义祖国，拥护中国共产党的领导；

（二）自觉遵守宪法和法律，遵守学校各项规章制度；

（三）诚实守信，道德品质优良；

（四）勤奋学习，积极上进；

（五）家庭经济困难，生活俭朴；

（六）其他符合困难资助的特殊情况。

第四章 评审程序

第十条 学院助学金的申请、评审及发放

（一）由学生本人提出申请，经所在班级推荐、系部初审，确定资助档次并公示后，由系部将申请学生的"学院助学金申请表"及"学院助学金学院推荐人选情况一览表"送交学生资助管理中心办公室。

（二）学生资助管理中心结合本校家庭经济困难学生等级认定情况，组织评审，拟定享受学院助学金资助的初步名单及资助档次，并在全院公示评审结果，公示无异议后，由学院助学金评审委员会审定资助名单。

（三）在同一学年内，申请并获得国家助学金和奖学金的学生，可同时申请并获得学院助学金、学院奖学金或其他奖学金。

（四）学院助学金每学年秋季学期组织评选，由学生资助管理中心按学年发放至受助学生的银行卡中。

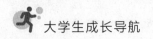

第十一条　有超过一般学生的高消费现象，消费行为与个人经济情况明显不符，弄虚作假，谎报家庭经济情况者，取消其学院助学金补助资格。

第十二条　学院助学金评选采用院、系两级公示制度，各级公示时间不少于5个工作日。

第五章　助学金发放、管理与监督

第十三条　学院于每年12月将学生助学金一次性打卡发放给受资助学生。

第十四条　必须严格执行国家相关财经法规和本办法的规定，对学生助学金实行分账核算，专款专用，不得截留、挤占、挪用，同时接受纪检监察、审计以及上级主管部门的检查和监督。

第六章　附　则

第十五条　本办法由学生工作处负责解释。

第十六条　本办法自发布之日起施行。原《学院学生助学金发放办法》同时废止。

学院学生勤工助学管理暂行办法

第一章　总　则

第一条　为规范管理学生勤工助学工作，促进勤工助学工作有序开展，保障学生的合法权益，培养学生自立、自强、自信的精神，增强学生的社会实践能力，帮助学生顺利完成学业，根据教育部、财政部《关于印发〈高等学校勤工助学管理办法（2018年修订）〉的通知》（教财〔2018〕12号）和湖南省教育厅、湖南省财政厅《关于贯彻落实〈高等学校勤工助学管理办法（2018年修订）〉的实施意见》（湘教发〔2019〕18号）精神等文件，结合我校实际，制定本办法。

第二条　本办法所称勤工助学是学生利用课余时间通过参加有组织的劳动和社会服务，获得一定报酬的学生资助方式。

第三条　勤工助学工作应按照自愿申请、扶困优先、竞争上岗、遵纪守法的原则，由学院在不影响正常教学秩序和学生正常学习的前提下有组织地开展。

第四条 学生资助管理中心负责勤工助学工作的统一组织和管理。

第五条 学生工作部门、教务部门、财务部门和后勤服务部门要发挥职能优势，在学生勤工助学工作安排、人员配备、资金落实、活动场所及助学岗位设置等方面给予大力支持，为学生勤工助学工作提供指导、服务和保障。任何单位或个人未经学生资助管理中心同意，不得在校内招录学生参加勤工助学。

第六条 学生参加勤工助学必须遵守国家法律、法规以及学院、用人单位的规章制度，履行勤工助学工作的有关协议，不得参加国家法律法规及学院规定所禁止的以及有损大学生形象、有碍社会公德的活动。

第七条 学生因参与勤工助学所引起的责任事故或经济纠纷，由用人单位、学生资助管理中心协助当事人进行处理。对于学生私自在校外参加的勤工助学行为，学院不承担相关责任。

第八条 学院应加强对勤工助学学生的思想政治教育，帮助他们树立正确的劳动观。对在勤工助学工作中表现突出的学生予以表彰和奖励；对在勤工助学工作中违反校纪校规的，按照学院管理规定进行教育和处理。

第二章 岗位设置与信息发布

第九条 学生勤工助学岗位的类型包括固定岗位和临时岗位。

（一）固定岗位是指持续一个学期以上的长期性岗位；

（二）临时岗位是指不具有长期性，通过一次或多次勤工助学活动完成的工作岗位。

第十条 学院应充分利用校内外资源，增加勤工助学岗位。校内勤工助学岗位设置应对参与学生有所提高，以校内教学助理、科研助理、行政管理助理、后勤服务助理等为主。

第十一条 勤工助学固定岗位的设立，由各用人单位在每学期初向学生资助管理中心申报，经学生工作处研究批准。

第十二条 勤工助学临时岗位，用人单位可根据需要提前 7 个工作日向学生资

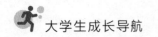

助管理中心申报，并请求其进行审批。

第十三条 校外企事业单位、团体或个人面向我院学生设立勤工助学岗位的，一律由学生资助管理中心负责审查、报批和信息发布。未经允许私自招聘学生参与勤工助学的，学院不承担相关责任。

第十四条 勤工助学固定岗位在每学期初，学生资助管理中心根据各用人单位的需求确定勤工助学岗位数量、待遇及岗位要求，面向全院公开发布；勤工助学临时岗位根据用人单位申请情况发布。

第三章 岗位申请、招聘与录用

第十五条 学生申请勤工助学岗位应填写勤工助学申请登记表，由学生所在系部主管学生工作负责人签署意见，附同本人及家庭经济状况证明材料一并递交学生资助办公室。学生资助管理中心审查、确认具备勤工助学资格的学生名单，并建立相关数据档案。

第十六条 本着"公开、公平、公正"的原则，用人单位根据岗位要求进行公开招聘，择优录取。

第十七条 家庭经济困难的学生优先录用。

第十八条 同一名学生不得同时参与两项及以上的校内勤工助学工作。

第十九条 勤工助学岗位人员录用结果，由学生资助管理中心公开发布，并具体通知被录用人员。

第二十条 因岗位不足而未录用的、符合勤工助学条件的学生，可以参加临时岗位招聘或由学生资助管理中心根据新的岗位需求推荐录用。

第二十一条 学生一经录用，应当在规定时间内凭岗位录用通知单、学生证到用人单位报到上岗。

第二十二条 学生录用后因故不能按时上岗的，应当在规定时间内向学生资助管理中心作出说明；否则视为自动放弃岗位，且此后一年内，学生资助管理中心不受理其勤工助学申请。

第四章 岗位管理、考核及报酬发放

第二十三条 学生进行勤工助学，应限于假期和课余时间，不得以参加勤工助学为由缺勤，影响正常教学及集体活动。学生因勤工助学而影响专业学习的，学生资助管理中心有权调整或停止其勤工助学活动。

第二十四条　校内设岗单位负责对从事勤工助学学生的管理与考核，建立勤工助学人员的上岗、离岗和工作记录，并建立其工资台账。

第二十五条　校内临时岗位按小时计酬。每小时酬金可参照学校当地政府或有关部门规定的最低小时工资标准合理确定，原则上不低于每小时 12 元人民币，每月工作时间不低于 20 小时、不高于 40 小时。

第二十六条　校内设岗单位应于每月的月初将本单位勤工助学学生工作考核情况及工资发放金额送交学生资助中心办公室。学生资助管理中心据此安排发放报酬，原则上采用银行卡形式按月发放。

第二十七条　学生在校内参加勤工助学工作的，由各设岗单位与学生签订具有法律效力的协议书。协议书必须明确学院、设岗单位和学生等各方的权利和义务。签订协议书并办理相关聘用手续后，学生方可参加勤工助学工作。

第二十八条　各用人单位应尊重和维护学生的正当权益，为学生提供良好的工作环境和条件，不得组织学生参加有毒、有害和危险的生产作业以及超过学生身体承受能力、有碍学生身心健康的劳动，不得安排勤工助学学生从事老师的本职岗位工作。

第二十九条　在勤工助学工作中，若出现协议纠纷或学生意外伤害事故，协议各方应按照签订的协议协商解决。如不能达成一致意见，则按照有关法律法规规定的程序办理。

第五章　附　则

第三十条　本办法由学生工作处负责解释。

第三十一条　本办法自公布之日起施行。

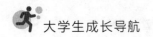

第三节　医保政策

常德职业技术学院学生保险须知

一、我院学生享受的保险种类及保费来源

（一）城乡居民医疗保险（简称医保）：按国家规定必须人人参保、人人享受，保费的少部分由参保人支付，剩余部分由地方财政支付。根据湘政办发〔2022〕67号文件规定，2024年度全省城乡居民医保个人缴费标准统一为380元/人，城乡居民医保财政补助标准按照国家规定执行。在校大专院校学生原则上必须在学校所在地医保机构统一参加城乡居民医疗保险，无须在生源地重复参保。但为了避免与我国当前的精准扶贫政策相抵触，对于在生源地被县级扶贫部门核准为精准扶贫对象的学生（地方政府已部分承担或全部承担其个人医保费），或者因家庭承包的生产用地被征收后，征收单位按协议为其家庭成员代缴医保费的学生，可以以家庭为单位在生源地参保，无须在学校所在地医保机构参保。

（二）校方责任保险。按国家有关文件精神，我国在校的全体大专院校及中小学生人人享受（大专院校的学生在顶岗实习期间不享受），保费由地方财政或学校支付，不得向学生本人收取保费。

（三）实习责任保险。按国家有关文件精神，我国大专院校的学生在顶岗实习期间人人享受，保费由地方财政、学校或实习单位支付，不得向学生本人收取保费。

（四）学生平安保险。根据学生本人或其监护人意愿自行决定是否购买（强烈建议全体学生积极购买），保费由学生本人支付。

二、各种保险的主要保障作用

（一）医保。医保的主要作用是让参保人在出现疾病医疗时，其医疗费用可以按国家规定给予部分报销。按照湖南省最新医保政策，门诊医疗实行定点报销，对于以学校为单位统一在常德市武陵区医保处参加城乡居民医疗保险的我院学生而言，只有在常德职业技术学院医务室因病就诊时产生的门诊费用才可以报销，在其他任何医院产生的任何门诊费用都不能报销。每人每年累计疾病门诊报销金额不超过350元。对于疾病住院医疗，只有在被医保纳入统筹的正规医院住院医疗时，医疗费用才可以按比例得到报销（在私立诊所住院的费用不予报销），一级医院（乡镇、街道卫生院，起付线200元）、二级医院（县级医院，起付线500元）、三级医院（地市及、省级医院，起付线1000元）的疾病住院医疗费用的报销比例分别为90%、80%、70%，在各级外地医院疾病住院医疗时，医疗费用的报销比例都在原比例基础上下调5%。

（二）校方责任保险。若学校管理不到位，教学和生活设施、环境存在安全隐患等因素导致学生在校内受到意外伤害时，校方责任保险承保公司负责对学生所受损失进行赔付。

（三）实习责任保险。学生在顶岗实习期间，若学校或实习单位管理不到位，或实习单位的教学、工作、生活设施与环境存在安全隐患，导致学生在实习地受到意外伤害时，实习责任险承保公司负责对学生所受损失进行赔付。

（四）学生平安保险（意外伤害保险）。学生平安保险是对医保的有效补充。考虑到青少年身体健康但运动多的特点和医保政策的局限性，建议学生在参加医保后，一定要购买一份学生平安险。医保最主要是用来保障疾病住院医疗的，但青少年学生发生意外伤害事故的概率往往高于疾病住院的概率。学生一旦发生无他方责任的意外伤害事故时，根据医保政策，意外伤害门诊费用不在医保报销范围之列，医保对意外伤害住院费用的报销比例不超过30%，剩余的绝大部分费用都必须由学生本人承担。但如果学生一年花100元买一份学生平安险，承保公司对意外门诊费用的最高给付额度为每人每年10000元，且不限定就诊医院（但必须是正规医院）；对意外伤害住院费用按等级累进赔付：1000元以下的按50%赔付；1000元~5000元之间的，按60%赔付；5000元~10000元之间的，按70%赔付；10000元~30000元之间的，按80%赔付；30000元以上的，按90%赔付，全年累计最高赔付限额为8万元，可以大大减轻学生的经济负担。学生平安险除了对意外伤害门诊和住院有强效保障外，对疾病住院医疗同样有保障，当学生发生疾病住院时，除了可以通过医保按规定比例报销医疗费外，剩余部分的费用，学生平安险承保公司同样还可以按费用等级累进赔付（与意外住院医疗赔付标准相同，全年最高赔付限额8万元）。如果是重大疾病，还有最高5万元重大疾病赔付，即重大疾病的最高赔付总额为13万元。

常德职业技术学院2023—2024学年度学生平安保险理赔方案

赔付项目	意外或疾病身故	意外伤残	意外伤害门诊	意外或疾病住院	重大疾病
最高赔付额度	50000	50000	10000	80000	50000
年度保费	100元/人				

三、哪些费用不能报销

凡存在他方责任的意外伤害案件中的一切医疗费用，各种保险都不负责理赔，一切费用皆由他方责任人承担；自杀、自残、各种违法犯罪行为导致的个人受伤、死亡案件中产生的一切费用，各种保险都不负责理赔；各种整形整容所产生的医疗费用，各种保险不给予赔付。

如有疑问，请咨询常德职业技术学院学生工作处。

常德职业技术学院学生工作处

2023年8月30日

学院学生医疗保险报销与学平险理赔流程

一、疾病住院和意外伤害住院报销

在同时购买了医保和学平险的前提下，学生因疾病或无他方责任的意外伤害产生的住院医疗费用，可以先通过医保按国家规定比例报销一部分，剩余费用可以再到学平险承保公司申请理赔。

在生源地参加医保的学生，应在生源地办理医保报销，在学校所在地统一参加常德市城乡居民医疗保险的学生，应在常德办理医保报销。

通过医保报销疾病住院医疗费用时，若学生是在常德市武陵区医保处的任何一所协议医院住院，出院时可凭所需资料直接到医院的城乡居民医疗保险结算窗口办理报销，所需资料有：1. 疾病诊断书（原件）；2. 住院费用单据（原件）；3. 出院证明（原件）；4. 本人身份证复印件；5. 本人银行卡复印件。若学生不是在武陵区医保处的协议医院住院治疗的，应持上述 5 种资料到武陵区医保处报销（地址在武陵区政务中心四楼）。特别应该注意的是，医保报销完毕时，记住拿回分割单，此单是接下来办理学平险理赔时不可缺少的资料之一。

对于参加了医疗保险、同时购买了学平险的学生，因病或因无他方责任的意外事故住院治疗所产生的费用，先凭报销医保所需资料办理医保报销，然后凭医保报销分割单（原件）及上述 5 种资料的复印件到学平险承保公司办理学平险理赔。

二、疾病门诊报销

在学院医务室产生的疾病门诊费用可以直接在学校医务室报销，除此以外，在其他任何医院的门诊费用都不能报销。

三、通过学平险办理意外伤害门诊理赔

当学生发生无他方责任的意外伤害后，在任何公立医院所产生的门诊费用都可以向学平险承保公司索赔，若学平险保费金额为每人每年 100 元，那么每人每年可向承保公司申请意外伤害门诊理赔的最高限额为 10000 元。办理意外伤害门诊理赔时，将伤情诊断结果（原件）、费用单据（原件）、身份证复印件和银行卡复印件以及意外事故情况说明书（含事发时间、地点、主要原因、事发经过及处置措施，经本人书写，系部审核盖章）送交学平险承保公司即可。

学院学生处

2023 年 3 月 18 日

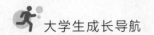

医保电子凭证激活方法

医保电子凭证有以下四种激活方法，任选其一即可。

（一）通过国家医保服务平台 APP 激活。在手机应用市场搜索"国家医保服务平台"，下载并安装→完成安装后，打开"国家医保服务平台"选择"医保电子凭证"→点击右上角"立即注册"（已经注册的用户输入账号密码进行登录）→按照提示输入相关信息，点击"注册并登录"→接着点击"开始采集"并按照提示进行人脸识别，完成识别后即可登录→输入预留手机号和验证码，点击"领取电子凭证"。

（二）通过湘医保 APP 激活。首先在手机应用市场搜索"湘医保"，下载并安装→完成安装后，打开"湘医保"进行注册→完成注册之后，进行实名认证→在实名认证界面输入正确的姓名和身份证号码，点击提交→完成实名认证后登录→选择"医保电子凭证"→点击"立即激活"→进行"人脸认证"，完成认证后即申领成功，设置支付密码即可展码使用。

（三）通过微信激活。首先打开微信点击"我"→进入"服务"→选择"医疗健康"→点击"医保电子凭证"→选择"立即激活"→设置微信支付密码（已设置微信支付密码只需验证支付密码）→确认信息，授权激活→进行人脸识别，确定本人操作→设置医保电子凭证密码即可展码使用。

（四）通过支付宝激活。打开手机支付宝，在首页搜索栏搜索"医保码"→"国家医保局权威发布"→"同意协议并激活"，进行身份认证、人脸识别→设置医保电子凭证密码即可展码使用。

医保电子凭证激活问与答

1. 什么是医保电子凭证？

答：医保电子凭证是国家医疗保障信息平台的核心身份认证体系。由国家医疗保障局医保信息平台根据参保人的姓名、证件类型、证件号码三个基础信息统一生成，是参保人在医疗保障信息平台中的唯一标识，是参保人享有医疗保障权益的唯一电子身份凭证。

2. 为什么推广使用医保电子凭证？推广使用医保电子凭证有什么意义？

答：通过宣传让参保人认识到在医院、药店通过出示医保电子凭证动态二维码就可以进行就医、购药，告别实体卡丢、挂失、补办等传统业务流程，医保电子凭证可以支持异地就医，使用医保电子凭证会使参保人像使用微信、支付宝扫码购物一样享受到更加便捷、高效、安全的医疗保障服务。

3. 申领医保电子凭证的条件是什么？

答：参加城镇职工医疗保险（或城乡居民医疗保险）的群众均可申领医保电子凭证。

4. 参加的居民医疗保险，不知道医保卡号，能申领医保电子凭证吗？

答：可以申领，医保电子凭证的申领只要进行实人（人脸识别认证）、实名、实卡，并在手机端经过人脸识别验证无误，即可申领。

5. 目前有哪些地方可以使用医保电子凭证？

答：常德市第一人民医院、常德市第一中医医院、湘雅常德医院等医疗机构，益丰、九芝堂、老百姓等零售药店，配备了扫码机具的医院、诊所、卫生服务站等均可通过医保电子凭证扫码就医、购药。

6. 老年参保人不会操作领取医保电子凭证，怎么办？

答：有智能手机的老年人就诊或购药时，可以请医院、药店的工作人员帮助领取医保电子凭证。没有智能手机的老年人可以授权亲属用智能手机代为领取医保电子凭证，也可以携本人身份证到武陵区政务中心一楼医保窗口进行人脸识别激活，刷脸认证后绑定身份证，今后，直接刷脸或扫描二维码就能就诊或购药。

在本人已激活的情况下，可绑定无智能机无微信的老人、小孩，激活家庭成员的医保电子凭证。推荐使用"国家医保服务平台"APP进行绑定：点击"我的"→添加我的家庭成员→点击使用身份证号码绑定，然后确认→弹出家庭成员添加告知书对话框，选择"已阅读家庭成员添加告知书"单选按钮并点击我已阅读并同意按钮→输入添加家庭成员的身份信息（姓名、身份证号、关系、个人承诺书、上传本人户口页照片和被绑定家庭成员的户口页照片）→填写信息完成之后，点击添加账户，然后就绑定成功了→返回主界面，就可以看见绑定的家庭成员信息→使用家庭成员的医保电子凭证就直接点击"我的家庭成员"下面的图像，即可直接扫码使用。

7. 使用照片能否通过医保电子凭证刷脸付费，安全措施有哪些？

答：使用照片无法通过刷脸认证。刷脸的摄像头是专业摄像头，有活体认证的功能，只有真人才能够通过刷脸认证。

第四章
大学生心灵呵护

第一节　学院心理健康教育工作及服务简介

一、学院心理健康教育服务机构设置及工作简介

学院心理健康教育中心成立于 2003 年，隶属于学生工作处，是面向全校学生开展心理健康教育、教学与咨询的专门机构。心理健康教育中心设在学院第二办公楼二楼，设有办公室、教研室，配备有接待室、宣泄室、个体咨询室、团体辅导室及音乐放松椅、沙盘模型、宣泄器材等专业设备。

心理健康教育中心以科学、安全、保密、贴心为服务宗旨，以尊重、理解、真诚为原则，以提高学生心理素质、促进学生身心健康成长为理念，以规范化、制度化建设为保障，积极有效地开展心理健康教育工作。中心主要工作职责为：面向全校学生开展日常心理健康教育教学和心理健康知识科普宣传，提供个体心理咨询、团体心理辅导，定期组织心理普查、心理培训，进行危机干预，指导系部特色成长辅导室、大学生心理委员会和朋辈辅导员队伍开展工作，等等。

二、学院心理咨询预约服务简介

（一）心理健康教育中心预约服务

1. 预约方式

现场预约：第二办公楼二楼心理健康教育中心 205 室或 208 室；

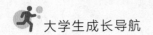

电话预约：0736-7270535，黄老师、刘老师。

2. 心理咨询预约及工作流程

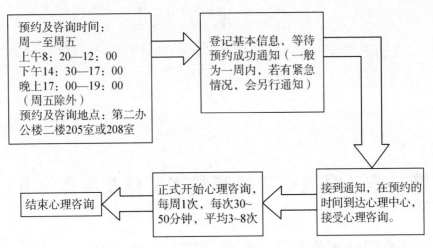

图4.1 心理健康教育中心心理咨询预约及工作流程

（二）系部特色成长辅导室预约服务

除学院心理健康教育中心可以预约进行心理咨询外，学生也可以前往各系部特色成长辅导室进行成长辅导。

1. 护理系"阳光家园"特色成长辅导室

预约地址：第一教学楼501室"阳光家园"。

预约方式：

（1）现场预约：值班时间内前往阳光家园登记预约；

（2）信箱预约：将预约卡投放在501门外的预约信箱内；

（3）网络预约：发送邮件至 hlxygjy501@163.com。

2. 医学系"心语屋"特色成长辅导室

预约地址：第二实训楼614室。

预约方式：

（1）现场预约：第二实训楼614室。

（2）网络预约：QQ2819343270。

3. 药学系"一米阳光"特色成长辅导室

预约地址：第二教学楼 617 室。

预约方式：现场预约（第二教学楼 610 室登记预约）。

4. 机电与信息工程系"心灵加油站"特色成长辅导室

预约地址：第二实训楼三楼"心灵加油站"。

预约方式：

（1）现场预约：第二实训楼三楼"心灵加油站"。

（2）信箱预约：将预约卡投放至成长辅导室门外的信箱。

5. 农业与经济系"心灵港湾"特色成长辅导室

预约地址：红楼三楼 301 室。

预约方式：现场预约（红楼三楼 301 室）。

6. 土建系"筑梦青春"成长辅导室

预约地址：第四教学楼 513 室。

预约方式：

（1）现场预约：第四教学楼 513 室；

（2）信箱预约：将填写好的预约卡投入心语信箱。

第二节　心理咨询与心理危机应对

一、心理咨询概述

（一）心理咨询的内涵

心理咨询是一种通过专业的心理学知识和技能，为个体或群体提供心理支持和帮助的服务。这种服务的目标是帮助人们解决心理健康问题、改善生活质量、增强个人发展和适应能力。心理咨询通常由受过专业培训的心理咨询师、心理治疗师或

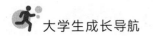

心理学家提供。

按照心理咨询的性质和内容，可以将咨询分为发展性咨询和障碍性咨询。

1. 发展性咨询

发展性咨询是指帮助来访者更好地认识自己和社会，充分开发潜能，增强适应能力，提高生活质量，促进人的全面发展。咨询的内容十分广泛，凡是在人生各时期出现的各种心理问题都属于咨询的范围，如工作、学习、恋爱、婚姻、家庭生活、职业选择等。从事这类咨询的人员除了有坚实的心理学基础外，还要具有哲学、社会学、教育学、文化人类学等方面的广博知识。咨询的地点一般为非医疗机构，如学校、社区、企业。

2. 障碍性咨询

障碍性咨询是指对存在程度不同的非精神病性心理障碍、心理生理障碍者的咨询，以及某些早期精神病人的诊断、治疗或康复期精神病人的心理指导。重点是去除或控制症状，预防复发。从事这类咨询的人员需要受过充分的精神医学和临床心理学训练，咨询的地点一般为专门的心理卫生机构、综合性医院下设的心理咨询机构、社区心理卫生机构以及由专业人员开设的私人诊所等。

需要指出的是，第一，障碍性咨询与发展性咨询是相互联系的，去除心理障碍为心理发展奠定了基础，而良好的心理发展将减少心理障碍的发生。第二，在具体实施时，有时很难将两者完全割裂开来，有些咨询既属于障碍性咨询，也属于发展性咨询。

（二）心理咨询服务对象

心理咨询的服务对象非常广泛，从个体到组织，从儿童到老年人，可以包括各个年龄段、背景和生活情境的人。

需要明确知道及注意的是，心理咨询的对象是精神正常的人或某些特殊对象。

（三）心理咨询基本工作原则

为确保咨询过程的有效性、保密性和道德性，心理咨询需建立在一系列专业的工作原则之上。以下为常见的心理咨询工作原则。

1. 尊重和保护来访者权利

心理咨询师应尊重和保护来访者的个人权利，包括隐私权、自主权和尊严权。来访者有权知情、同意计划，并有权在任何时候终止咨询。

2. 建立和维护安全环境

心理咨询的过程应提供一个安全、支持性的环境，使来访者感到可以开放地探讨和处理他们的问题。

3. 保密性

心理咨询师有责任保护来访者的隐私，不将来访者个人信息透露给未经授权者。保密例外情况为：来访者出现危急状况，来访者存在自伤或他伤的风险，来访者有违法犯罪行为或倾向，法律要求的其他情况。

4. 尊重个体差异

心理咨询师应当意识到和尊重来访者的个体差异，包括但不限于语言、宗教、价值观等，以确保咨询的有效性和尊重多元性。

5. 专业发展

心理咨询师应持续追求专业发展，不断提升自己的专业知识和技能，以更好地服务来访者。

6. 无歧视和包容性

心理咨询应当基于无歧视和包容性的原则，不因来访者种族、性别、宗教、性取向、身体状况等因素，进行区别处理及对待。

7. 治疗安全性

心理咨询应根据来访者的需求和问题的性质选择合适的干预方法，并确保这些方法是基于科学的、经验丰富的实践。

8. 自我反思

心理咨询师应常进行自我反思，意识到自己的价值观、偏见对来访者可能造成的影响，以维持客观和专业的态度。

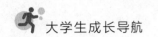

以上原则帮助确保心理咨询过程的安全、有效且符合道德规范。心理咨询师通常受到专业协会伦理准则的指导，以确保其实践符合行业标准。

（四）校园心理咨询的注意事项

在咨询过程中，为了自身问题的解决，并促进自我人格的发展，来访者应做到以下几点。

1. 坦诚

坦诚地向咨询老师表露自己，不必掩饰或伪装。来访学生在接受咨询前请向心理健康教育中心工作人员出示有效证件。来访者需要如实提供自己的真实姓名、所在系、专业、联系方式、一定的家庭和求学背景并登记在案，以上资料用于心理咨询管理，咨询老师不会透漏给其他单位和个人；不仅如此，来访者还要把自己个人的心理障碍、内心真正的困惑或咨询过程中产生的问题、感受都及时地与咨询老师沟通，以便更快更好地达到咨询效果。

2. 自愿自由

是否开始或终止接受心理咨询都由来访者本人决定，咨询老师只能提出建议，无权强硬要求。相应地，随意地中止给咨询带来的不良影响也由来访者本人承担。另外，来访者可以自由选择咨询老师，以使个人问题得到更有效的帮助。咨询过程中，若对咨询方向或方法有异议，可与咨询老师进行必要的讨论并修正。

3. 尊重咨询老师

来访者必须提前预约咨询时间，并严格遵守。认真配合咨询老师的工作，按时完成"作业"，把个人的感悟与改变有效地反馈给咨询老师。

4. 自主

心理咨询的理念是"助人自助"，咨询主角不是咨询老师，而是来访者自己。不要对咨询老师有做主、想主意、想办法、做决定的错误期待，也不要对心理咨询有"一帖灵"的错误认识，世上没有灵丹妙药，自己才能真正解决自身的问题。

相应地，为更好地帮助来访者解决问题，咨询老师也会遵守以下规定。

1. 真诚

不论来访者有什么类型的问题，咨询老师都会积极关注，无条件接纳他们的情绪感受。在咨询老师的概念里，不会出现"来访者的问题不成问题或不被接受"之类的想法，他们会营造温暖的咨询氛围，真诚地向来访者表露自己对问题的看法和感受，和来访者一起面对问题、讨论问题，进而解决问题。当咨询老师个人有限制时，会坦诚地告诉来访者并及时转给有关部门。

2. 耐心

来访者的问题有些可能只需一次面谈，有些则需多次；有些可能比较具体明确，有些甚至来访者自己都不清楚，还有些可能说起来比较琐碎混乱。不管来访者的问题是什么性质，咨询老师都会耐心地倾听。来访者不必太在意自己的言语组织和逻辑表达，只需真诚地表述。

3. 平等

咨询关系中双方是平等的，是应该相互尊重的，咨询老师会像朋友一样耐心倾听来访者的心声，尽力了解并理解来访者的思想，站在来访者的立场上去感受其内心世界。咨询老师不会以训导者的身份自居，不会对来访者的问题进行不适当的道德谴责或情感批判。

4. 保密

保密是心理咨询的工作原则之一，也是职业道德的集中体现。来访者的个人信息及咨询的相关问题不会被随意谈论，来访者的信息登记表不会被带出咨询室之外的任何地方。一般地，来访者是否接受过咨询以及咨询的内容都不会被透漏给心理咨询中心以外的非专业人员。但以下情况除外：（1）来访者出现自我伤害或伤害他人的倾向，有必要通知来访者所在系的老师、父母以及相关人员，以采取必要的措施；（2）来访者的问题涉及法律责任，如有必要，咨询老师应将信息资料呈交有关机构。

5. 避免双重关系

咨询老师不得接受学生的礼物，且不在咨询之外与学生进行咨询性质的面谈。

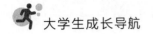

二、心理危机及应对

【案例】 来自小刘的自诉：我感觉很不好。自上个月回家奔丧完到现在，已经整整17天了，我一直失眠易醒，难以集中注意力，心中痛苦压抑、烦躁至极。到现在我都仍觉得突然，不相信爷爷是真的走了。我很想他，他和奶奶带大了我，却连一句话都没留下就这么离开了。我想哭，想吼，想叫，但我知道，眼泪和意气解决不了问题。我现在不想与任何人有过多的交往，也不屑与人争辩。我自认为一直活得克制而理智，但这段时间我常觉得失控，没意思，没劲，也没意义。这段时间我也去过我喜欢常去的寺庙，但依旧无法缓解我内心的躁郁，我要怎么办？

（一）心理危机概述

心理危机是指个体在面临巨大压力、情绪冲突或其他突发事件时，无法有效应对，导致心理功能丧失平衡的状态。这种状态可能对个体的心理健康和日常功能造成重大影响。心理危机可以有多种原因，包括生活事件（如失业、丧亲、离婚）、创伤经历、心理障碍、药物滥用等。大学生常见的心理危机包括以下几个方面。

1. 学业压力和焦虑

由于学科专业性强，大学生可能面临课程门类多、知识体量大、实践要求高等学习困难，因此学业压力较大。课业负担、考试压力和对未来就业的迷茫可能导致学业焦虑。

2. 职业发展和未来不确定性

大学生通常在职业领域有明确的努力方向，但一些学生可能对自己的职业规划感到困惑，担心未来的就业和职业发展。

3. 人际关系问题

融入新的社交环境、适应不同背景的同学、处理同学关系、面对可能的冲突和压力，这些问题可能对大学生的心理健康产生影响。

4. 自我身份认同危机

在职业专业领域中，大学生可能经历对自我身份认同的探索。对自己在职业领域的定位、能力和兴趣的认知可能引发心理危机。

5. 经济压力

一些大学生可能在学业期间需要面对经济上的困扰，如支付学费、生活费用等。经济上的担忧可能对他们的心理健康造成负面影响。

6. 适应新环境的挑战

进入大学后，对一些学生来说，适应新的学习和生活环境可能是一种挑战。

7. 技能和能力差距

大学生可能在实际技能和应用能力上面临挑战，对自己的能力产生怀疑，这可能导致自尊心受损和自我怀疑。

8. 心理健康意识的缺乏

一些大学生可能对心理健康问题缺乏足够的认识，可能不太愿意寻求心理咨询或支持，导致问题的滋长。

（二）心理危机的症状及识别

心理危机可能表现为一系列症状，这些症状反映了个体在面对巨大压力、情绪冲突或其他困境时的心理负担。不同人的反应可能有所不同，但以下是一些可能出现在心理危机中的常见症状。

1. 强烈的情绪波动

包括极度的焦虑、沮丧、愤怒、恐惧等情绪，这些情绪可能在短时间内迅速变化。

2. 睡眠问题

可能出现失眠、噩梦、睡眠质量下降等问题，导致个体在白天感到疲劳和精力不足。

3. 注意力不集中

个体可能难以集中注意力，感到分心、冲动，难以完成日常任务。

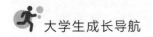

4. 身体不适症状

可能出现头痛、胃痛、肌肉紧张、心悸等生理症状，反映心理的不适。

5. 社交障碍

个体可能感到孤独，躲避与他人交往，社交关系可能受到影响。

6. 自我负面评价

个体可能对自己持有负面的看法，缺乏自信，感到自己无法应对问题。

7. 情感麻木

有时个体可能出现情感麻木，对周围的事物失去兴趣。

8. 自伤或自杀念头

在极端情况下，个体可能出现自伤或自杀的念头，这需要紧急的干预和支持。

9. 生活功能受损

可能出现日常生活功能受损，如学习或工作能力下降、家庭关系紧张等。

以上症状的严重程度和表现形式因个体和情境而异。重要的是，要注意到这些症状，尤其是在它们影响到个体正常生活、工作和人际关系时。

（三）心理危机的应对

1. 自助

面对心理危机，个体可以采取一些自助的方法来缓解情绪、改善心理状态，并寻找更好的应对策略。以下是一些自助的建议。

（1）认知调整：注意观察和调整自己的思维模式，避免过度的悲观和消极思维，尽量采取更积极、现实的态度。

（2）寻求支持：与朋友、家人或同学分享自己的感受。与他人沟通有助于减轻心理负担，让自己得到理解和关心。

（3）锻炼身体：运动被证明对心理健康有积极影响。适度的身体活动可以释放压力、调整心情、促进身心健康。

（4）保持规律的生活：维持良好的作息和饮食习惯，确保充足的睡眠，有助于身体和心理的平衡。

（5）学习放松技巧：学会使用深呼吸、渐进性肌肉松弛等放松技巧，有助于缓解紧张和焦虑。

（6）定期休息：给自己留出时间进行休息和娱乐活动，可以是阅读、听音乐、看电影等，让大脑得到休息。

（7）建立目标：制定小而可行的目标，并逐步实现，有助于提高自信心和成就感。

（8）寻找乐趣：找到让自己感到愉悦和放松的活动，培养兴趣爱好，有助于提高生活质量。

（9）接受现实：尽管会面临困难和挑战，但接受现实并寻找解决问题的方法是重要的一步。

（10）寻求专业帮助：如果自助方法无法缓解问题或情况愈发恶化，及时寻求专业心理咨询或治疗。

2. 求助

在面临心理危机时，寻求帮助是至关重要的。以下为心理危机求助的途径。

（1）心理热线：不同地区都设有心理健康热线，可以随时拨打进行咨询。这些热线通常有专业的心理健康专家提供支持和建议，可在网络上搜索到相应信息。

（2）紧急救援服务：如果情况紧急，且存在自杀或伤害自己或他人的风险，应立即拨打紧急救援电话，如110、119等。

（3）专业人士：预约心理医生、心理治疗师、心理咨询师等专业人士。他们可以提供个体化的心理咨询和治疗。

（4）就医：在危机情况下，寻求医生的帮助也是很重要的。精神科医生可以进行初步评估，推荐合适的治疗方案。

（5）社区心理卫生服务：一些社区设有心理卫生服务中心，提供心理咨询和支持。

（6）大学的心理服务：大学通常提供心理咨询服务，学生可以咨询学校的心理

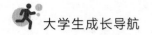

健康专业人士寻求帮助。

（7）心理健康应用：一些心理健康应用程序提供在线心理咨询服务，使个体能够在需要时随时随地获取支持。

（8）亲友支持：与亲朋好友分享自己的困扰，寻求亲友的支持和理解，有时候也可以起到积极作用。

3. 助人

帮助处于心理危机中的人是一项敏感而重要的任务。以下是一些建议。

（1）倾听：听取对方的感受和想法，给予足够的时间和空间，让他们表达情绪。不要打断或质疑，只需倾听。

（2）表达关切：表达对对方的关心，让他们知道你在乎他们的感受。用温暖和理解的语言表达关切。

（3）尊重隐私：尊重对方的隐私，不要逼迫他们透露他们不愿分享的信息。尊重他们的个人空间和边界。

（4）避免评判：不要评判或责备对方的感受。每个人的感受和处理方式都是独一无二的，理解这一点非常重要。

（5）鼓励求助：鼓励对方寻求专业帮助，如心理医生、心理治疗师或辅导员。提供信息，协助他们找到合适的资源。

（6）提供支持：表达你的支持，并表示你愿意在他们需要时提供帮助。有时候，对处在心理危机中的人来说，只要知道有人在身边支持，就能获得一种巨大的安慰。

（7）保持联系：继续保持联系，让对方知道你在乎他们。一个简单的问候或关心的信息就可以让他们感到被关爱。

（8）了解危机热线和资源：了解当地的危机热线和其他支持资源，以便在需要时提供给对方。

（9）陪同求助：如果对方同意，可以陪同他们去专业机构寻求帮助，提供实际的支持。

（10）自我保护和紧急情况处理：如遇紧急情况危及自身或对方安全，应寻求专业协助或紧急服务。

请注意，对于心理危机，专业帮助通常是必要的。如果你认为对方的状况非常严重，应该秉持"生命至上"的理念，及时联系所在院系辅导员、学生管理工作人员或学校后勤保卫处人员协助处理。

第三节　大学期间常见心理困惑及应对

一、人际问题及应对

（一）人际交往

人际交往是指个体在社会生活中与他人之间建立、发展和维护关系的过程。这种交往不仅包括面对面的实际交往，还包括通过文字、语言、非语言等多种方式进行的沟通。人际交往是人类社会生活中不可或缺的一部分，它涉及各种关系，包括家庭关系、同事关系、恋爱关系等。

（二）大学生常见人际交往困惑及表现

大学生在人际交往中可能面临一些困惑，这些困惑可能涉及学业、职业规划、社交等多个方面。以下是一些大学生人际交往常见的困惑及表现。

（1）社交焦虑：指面对新环境、陌生人，一些学生可能感到紧张和不安，导致社交回避、难以融入团队等现象。主要表现为对社交场合感到紧张、担忧，避免参与社交活动，难以主动与他人建立联系；面对他人时紧张、羞怯，难以展示真实的自我；难以建立深层次的友谊，人际关系表面化。

（2）同龄人比较压力：在同龄人中，比较是一种常见的现象。同龄人比较压力是指大学生因为过度关注他人的成就而忽视自身的进步，导致自我价值感波动的现象。其表现为过度关注同龄人的成就，从而产生焦虑、自卑、自我怀疑、自我否定、

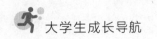

猜疑、嫉妒等情绪，在社交中表现为抱着竞争而非合作的心态，难以与同学建立起亲密、持久而自然的关系。

（3）社交技能不足：主要表现为缺乏有效的沟通技巧、人际交往技能，难以与他人建立良好的沟通和合作关系。

（4）羞怯和自卑：主要表现为在社交场合感到害羞，对自己产生负面的评价，可能导致自卑感和退缩行为。

（5）人际合作问题：主要表现为在团队项目中难以融入，可能出现沟通不畅、协作困难的情况。

（6）孤独：主要表现为在新的环境中没有获得足够的、令自己满意的社会联结，难以建立亲密的友谊，导致情感上的孤独感。孤独也表现为自己因为对社交的恐惧或不确定感而选择独自行动的主动孤独。

（三）大学生人际交往问题应对策略

大学生在人际交往中可能遇到各种问题，但通过合适的应对策略，可以改善人际关系。以下是一些大学生人际交往问题的应对策略：

（1）社交焦虑可采取的应对策略：一是参与社交培训和活动，提升社交技能；二是制定小目标，逐步挑战社交恐惧；三是寻找志同道合的同学，建立互助关系。

（2）同龄人比较压力可采取的应对策略：建立积极的自我评价机制，注重个体成长；与同学建立合作关系，共同学习进步；参与团队活动，培养合作意识。

（3）人际冲突问题可采取的策略：学习有效的沟通技巧，保持冷静解决问题；培养团队协作精神，理解和尊重团队成员；寻求辅导员和专业人士的帮助，解决人际关系问题。

（4）社交技能不足可采取的提升策略：利用网络或学校资源，参与社交训练课程，提升沟通技能；寻找机会参与社交活动，锻炼社交能力；观察榜样，学习他人成功的社交技巧。

（5）羞怯和自卑可采取的策略：寻求心理辅导，解决内在的自卑情绪；参与自我发展课程，提升自我认知和自信心；设定小目标，逐步突破羞怯的局限。

（6）人际合作问题可采取的策略：提前了解团队成员，了解各自的优势和特长；培养倾听和理解他人的能力，促进良好的团队氛围；解决冲突时采用合作和妥协的方式，避免对立。

这些策略的实施需要个体的主动参与和持之以恒的努力。同时，大学生也可以通过寻求校内资源、与导师和同学建立联系，以及参与社团活动来拓展人际网络，促进更为健康和积极的人际交往。综合利用这些策略，大学生将更好地适应学校和职业环境，提升自身综合素质。

二、恋爱问题及应对

【案例】来自小王的自诉：我是一名大二男生。最近我苦恼到无法做任何事。我很喜欢我的女友，但我们现在不断吵架。主要是我不能接受她举止随意，在我面前跟别的男生嘻嘻哈哈、勾肩搭背地打趣闹腾。最近，我无意中看到了她手机中别人发来的暧昧信息，我很愤怒！我质问她，她却解释说不过是游戏中的"婚友"和她开玩笑的打趣而已！其实我已多次跟她说我不喜欢她这样的行为，甚至"冷战"过。她也很生气，怪我大惊小怪、为人刻板，也同意要改变，但总是转头就忘！我知道，她心地不坏，大大咧咧、率真随性，但我真的很难接受她这种随意。我也有众多的追求者啊，但我都决绝地处理了，为什么她就不能和我一样，对感情认真和专一呢？我真的太刻板了吗？我该怎么解决我们之间存在的问题？

（一）恋爱

恋爱是指两个人之间建立起亲密、深厚的感情关系，通常包括浪漫的情感、相互吸引和关心对方的特殊感情状态。这种关系通常涉及感情的表达、互相分享和支持，以及共同构建未来的期望。恋爱是人类生活中普遍而重要的经历之一。

（二）大学生常见恋爱问题的处理及应对

1. 失恋处理及应对

失恋是一种普遍的人生经历，它可能会带来痛苦和挫折，适当的应对方式可以帮助你渡过这一难关。以下是一些帮助大学生更好地应对失恋的建议。

（1）接受自己的感受：面对失恋，你可能会感到伤心、愤怒、失落等各种情绪。首先，要接受这些感受，不要压抑自己的情绪，允许自己感受到这些情感。

（2）给予自己时间：失恋是一个需要时间来愈合的过程。不要急于摆脱痛苦，给自己足够的时间来慢慢调整和康复。

（3）避免孤立自己：尽管你可能想独自处理感情问题，但与朋友、家人分享你的感受是很重要的。他们可以提供支持和理解，帮助你渡过难关。

（4）保持健康的生活习惯：注意保持良好的饮食、充足的睡眠和适度的运动。这有助于维持身体和心理的健康，帮助你更好地应对压力。

（5）制定新目标：失恋后，给自己制定一些新的目标和计划，让自己有一种重新开始的感觉。这可以是学业上的目标、职业规划，或者个人发展方面的目标。

（6）避免回忆过多：尽量避免过多地回忆往事，特别是那些让你感到痛苦的回忆。努力集中注意力在现在和未来，而不是过去。

（7）寻求专业帮助：如果感受到持续的痛苦、沮丧或无法自拔，应考虑寻求心理健康专业人士的帮助。他们能够提供支持、理解和有效的应对策略。

（8）学会原谅：在失恋的过程中，学会原谅自己和对方。放下怨恨和愤怒，不要让这些负面情绪成为你前进的绊脚石。

（9）重建社交生活：尝试重新参与社交活动，认识新的朋友，扩大社交圈。与他人建立新的连接有助于恢复你的自信和自尊。

（10）培养爱自己的习惯：关注自己的需求和欢愉，培养一些爱自己的习惯，提高自尊心，找回内在的平衡。

失恋是一段困难的时期，但通过积极的应对方式可以走出阴影，重建自己的生活。时间是最好的疗愈者。

2. 分手处理及应对

提分手是一件敏感而困难的事情，需要谨慎处理，以减少对双方的伤害。以下是一些提分手的建议。

（1）选择合适的时间和地点：选择合适的时间和地点，确保你们有足够的时间来谈论这个重要的决定，同时方便你们处理情绪上的问题。

（2）有备而来，准备好解释原因：在提分手之前，梳理一下自己的想法，明确分手的原因。这有助于你清晰地表达，也有利于对方理解你的决定。准备好应对对方可能提出或存在的问题，但不要过分详细或拖沓。让对方有时间和空间处理这个信息。

（3）避免指责和攻击：尽量避免使用指责性语言和攻击性言辞。强调你的感受和需求，而不是过于强调对方的过错。

（4）坦诚但不刺耳：保持坦诚，但避免过于刺耳和伤人。语气要温和，表达出你的决定是为了你们双方的最佳利益。

（5）倾听对方的反应：给予对方足够的空间表达感受和反应，尽量理解对方的观点，但也要坚定你的决定。

（6）避免让对方感到责任重大：尽量避免让对方感到整个分手的责任都在他/她身上。强调这是一个共同的决定，不是单方面的过错。

（7）保持冷静：在谈话过程中，尽量保持冷静和理智。避免情绪激动，理性地讲明原因和想法。

（8）坚守决定：一旦做出决定，要坚守自己的决定，不要在分手后反复改变主意。这有助于双方更好地面对分手的现实。

（9）寻求支持：分手后，可能会感到孤独和伤痛。寻求朋友、家人或专业人士的支持，让自己能够更好地应对分手后的生活。

总体而言，提分手是一个需要慎重考虑的决定，尽量以尊重和理解的态度进行，减少对双方的伤害。

需要注意的是，提分手需要评估可能存在的安全隐患。如果对方为有性格缺陷或处于极端情况下的个体，则需要做好以下准备：

（1）确保有逃生计划：如果你认为对方可能会在分手谈话中表现出愤怒或威胁的迹象，请确保你有一个逃生计划。这个计划可以提前告诉朋友或家人，确保有人知道你的位置和情况。

（2）不要在私密空间：避免在一个只有你和对方独处的私密空间提出分手，特

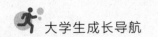

别是你对对方的反应感到担忧时，选择公共场合可能更为安全。

（3）准备好阐述理由：提前准备好你要表达的理由，并尽量保持冷静和理智。明确表达分手的原因，但避免使用攻击性言辞。

（4）借助支持：如果你感到担忧，可以在分手谈话前告诉朋友或家人你的计划，并请他们在需要时提供支持。有备而来可以增加安全感。

（5）保持冷静：尽量保持冷静，不要让情绪激动。如果对方表现出愤怒或进行威胁，尽量保持冷静，不要卷入激烈的争吵。

（6）使用明确的语言：使用明确而坚定的语言表达分手决定。避免模棱两可或留有余地的表达方式，以免引起误解。

（7）限制个人信息的分享：在分手时，尽量限制个人信息的分享，避免过度详细的解释，特别是涉及自己或对方的私人事务。

（8）避免责备和指责：避免在分手时过于指责或责备对方。强调这是一个理智的、有益于双方未来的决定，而非单方的过错。

（9）监测后续行为：在分手后，留意对方的行为，确保你的决定得到尊重。如果对方开始展现不正常的行为，则寻求法律或社会支持。

心理健康对于每个人的意义都是多方面的，它不仅关系到个体在学业和职业中的表现，也关系到其整体的幸福感和生活质量。大学期间是自我塑造和发展的黄金期，身心健康是保证大学生正常学习、顺利踏上人生跑道的基础，学校及社会应引起重视，个人更应引起重视。

第五章
大学生安全防范

第一节　预防校园火灾

一、校园火灾的常见原因

1. 点蚊香引发火灾

夏天，因为有蚊虫叮咬，很多学生都爱点蚊香。蚊香燃烧时其燃芯温度可达700~800℃，而布匹的燃点为200℃，纸张燃点为130℃，若这类可燃物品接触到点燃的蚊香，极易引起火灾。

2. 吸烟引发火灾

高校中抽烟现象严重，部分学生在宿舍中抽完烟后，烟头随意乱扔，并没有了解过烟头的内部温度高达800℃，一旦未熄灭的烟头被扔进废纸篓、垃圾桶内的易燃物上面，很容易引起火灾。

3. 乱用电器引发火灾

如今许多学生配备了电脑、电热毯等电器。宿舍往往只有一个插座，因此，有些学生不按安全用电的有关规定，随意安插座，拖拉电线，增加用电设备，校园内超负荷用电的现象严重。不少学生还在宿舍使用"热水壶""卷发棒""电热锅"等危险性较大的电器，这些极易造成电线短路，引发火灾。

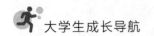

4. 实验室操作失误引发火灾

在化学实验室中，各种化学危险物品种类繁多、数量大，实验条件复杂，火灾危险性也最大。因此，实验室是易发生火灾的地方，应作为防火重点。

二、校园火灾的预防措施

1. 学生宿舍防火

为了杜绝学生宿舍火灾事故的发生，要做到到十戒：一戒私自乱拉电源线路。避免电线缠绕在金属床架上或穿行于可燃物中间，避免接线板被可燃物覆盖；二戒违规使用电热器具；三戒使用大功率电器；四戒使用电器无人管，必须人走断电；五戒明火照明，灯泡照明不得用可燃物作灯罩，床头灯宜用冷光源灯管；六戒室内乱扔、乱丢火种；七戒室内燃烧杂物、点蚊香、吸烟等；八戒室内存放易燃易爆物品；九戒室内做饭；十戒使用假冒伪劣电器。

2. 公共场所防火

在公共场所滞留时，应清醒认识公共场所的火灾危险性，时刻提防；严格遵守公共场所的防火规定，摒弃一切不利于防火的行为；进入公共场所，首先要了解所处场所的情况，熟悉防火通道；善于及时发现初起火灾，作出准确判断，能及时扑救的要及时扑救，形成蔓延的要立即疏散逃生；要有见义勇为精神，及时帮助遭受伤害的人员迅速撤离、脱险。

三、火场自救

1. 火灾初起时自救的基本方法

火灾发生时，被困人员应该沉着冷静，设法自救。

火灾初起时，除立即报警外，应设法逃生。在逃生过程中，要分秒必争，不要浪费时间去穿衣戴帽，或者去寻找贵重物品，应当立刻逃生，不要跑到室外后又因牵挂室内贵重物品而重返火场，如此一来，极有可能丧生火场。

火灾初起时，火一般很小，不要只顾自行灭火，切记要迅速拨打学生后勤保卫处电话：0736-7280631，并立即联系辅导员，以免酿成重大火灾。被困人员无论是处于起火房间还是非起火房间，逃到室外后，都要做到随手关门，这样可以控制火势发展，延长自救逃生时间。

2. 逃生的首要条件

熟悉所处环境是在火灾紧急情况下安全逃生的首要条件。熟悉所处的环境通常是指熟悉所处环境的安全设施，从而能够快速找到火场逃生的出口。大学生要熟悉学校教室、图书馆、食堂、宿舍、实验室等环境，了解逃生紧急集合点，一旦发生火灾，能够迅速到达逃生紧急集合点。积极主动参加学校开展的逃生训练和消防演练，掌握正确的逃生方法。

3. 火灾猛烈阶段的逃生方法

火灾的猛烈阶段及火灾发生后如被大火所困，最重要的还是保持冷静，选择最佳的疏散方法进行逃生自救。

（1）保持镇静，明辨方向。

突遇火灾撤离时，要注意朝外面空旷的地方跑，要尽量往楼层下面跑。规范标准的建筑物都会有两条以上的逃生楼梯、通道或安全出口。发生火灾时，要根据情况选择进入相对较为安全的楼梯、通道。若通道已被烟火封阻、则应选择与火源相反方向的通道或优先选用最简便、最安全的疏散通道和疏散设施，按顺序迅速逃离险境。例如，楼房着火时先要选用安全楼梯、普通楼梯、消防楼梯等，特别是防烟楼梯、室外疏散楼梯更为安全可靠，在火场逃生时应充分利用。若以上通道也被烟火封锁，可考虑利用建筑物的阳台、窗口、屋顶等攀爬到周围的安全地带；也可沿着下水管、避雷线等建筑上的凸出物滑下楼脱险，同时应注意，下滑时人数不宜过多，以防止逃生途中因管线损坏而致人坠落。

（2）简易防护，掩鼻匍匐。

火场上的烟雾含有许多有害成分，如火灾产生的一氧化碳在空气中含量达到1.28%时，1~3分钟即可致人窒息死亡，因此逃生时要注意隔开浓烟，可用湿毛巾、

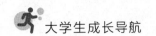

湿口罩捂住口鼻做好个人防护，防止烟雾中毒，预防窒息。如果出口被烟火封住，冲出险区有危险，可以往身上浇冷水，或者用湿床单、湿棉被将身体裹住，有条件的可穿上阻燃服，然后快速离开危险区。若无水时，使用干毛巾、干口罩也可以。在穿过烟雾区时应尽量降低身体或爬行，千万不能直立行走以免被浓烟呛到窒息。

（3）寻求暂时避难，等待救援。

在所有通道均被烟火严密封锁又无人救助的情况下，应积极寻找暂时的避难场所。利用设在电梯外走廊末端的卫生间，躲避烟火的侵害。若发现有烟进入室内，应关闭迎火的门窗，打开背火的门窗。用湿毛巾、湿布等织物堵住漏烟的门窗缝隙或用水浸湿棉被，蒙上门窗，然后不停地向高温处或地面洒水，淋透房间，以延缓火势蔓延，防止烟火渗入，同时用湿毛巾捂住口鼻做好个人防护，坚持到救援人员或逃生机会的到来。

（4）传送信号，寻求援助。

被烟火围困时，尽量待在阳台、窗口等易被人发现和能避免烟火近身的地方。在白天，可向窗外晃动颜色显眼的衣物等以寻求援助；在晚上，可用手电筒不停地在窗口闪动或敲击东西，及时发出有效求救信号。在被烟气窒息失去自救能力时，应努力滚到墙边或门边，既便于消防人员寻找、营救，也可防止房屋塌落时被误伤。

第二节　预防校园盗窃

一、高校盗窃作案的行窃方式

（1）顺手牵羊：作案人趁主人不备，将放在桌椅等处的物品顺走。

（2）乘虚而入：作案人趁主人不在，房门抽屉未锁之时入室行窃。

（3）窗外钓鱼：作案人用竹竿等工具在窗外将贵重物品钓走。

（4）翻窗入室：作案人翻越没有牢固防范设施的窗户入室行窃。

（5）撬门扭锁：作案人使用各种工具撬开门锁入室行窃。

（6）捡拾钥匙：作案人捡到遗失的钥匙，趁宿舍没有人时打开门锁行窃。

二、高校盗窃案的防范措施

（1）最后离开教室或宿舍的同学要关窗锁门，养成良好习惯，防患于未然。

（2）不要留宿外来人员，以免引狼入室。

（3）发现形迹可疑的人应提高警惕，可主动上前询问事由，如果来人说不出正当理由又说不清学校的基本情况，疑点较多且神色慌张，应及时向宿舍管理人员报告。

（4）注意保管好钥匙，包括教室、宿舍、箱包、抽屉等的钥匙，不能随便借给他人或乱丢乱放，以防他人伺机行窃。

三、发生盗窃案件的应对办法

（1）立即报告学院后勤保卫处，同时封锁和保护现场，不准任何人进入，不得翻动现场的物品，切不可急急忙忙地去查看自己的其他物品是否丢失，保护好事发现场对公安人员准确分析、正确判断侦察范围和收集罪证有十分重要的意义。

（2）配合调查，实事求是地回答学院后勤保卫处人员提出的问题，积极主动地提供线索，不得隐瞒情况不报，学院后勤保卫处有义务、有责任为提供情况的同学保密。

（3）如果发现手机被盗，应立即挂失手机号，冻结手机网银和银行卡，解绑支付宝和微信，及时修改常用手机软件的密码，通知亲友以防诈骗。

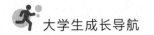

第三节　预防电信网络诈骗

一、大学生被骗的常见类型

大学被骗的常见类型：校园贷款时被骗；推销学习生活用品时被骗；兼职做业务代理员时被骗；抽中"幸运大奖"时被骗；收到意外电话、短信时被骗；外借身份证、学生证件时被骗；购买考试作弊工具或考试答案时被骗；相信骗子谎报学生发生意外时被骗。

二、网络诈骗的主要手段

近年来，网络诈骗在我国很多地方呈现出高发态势，作案手段层出不穷，不断翻新。大学生是使用网络的主要群体，也是行骗者使用网络进行诈骗的主要对象，综合近年来发生在大学生身上的网络诈骗案件，网络诈骗的主要手段有以下几种。

（1）QQ 盗号诈骗。

（2）微信诈骗。

（3）"网络钓鱼"诈骗。

（4）伪造官方客服短信诈骗。

（5）网络中奖诈骗。

（6）网络购物诈骗。

（7）网络购物退款诈骗。

（8）网络购票诈骗。

（9）网上分期贷款购手机诈骗。

（10）网络兼职诈骗。

（11）网上代刷信誉诈骗。

（12）网络招聘诈骗。

（13）网络游戏类诈骗。

（14）共享单车扫码诈骗。

三、电信网络诈骗的预防措施

牢记"8631"防骗口诀：8 个凡是、6 个一律、3 个绝对不可能、1 个绝对不要做。

8 个凡是：

（1）凡是自称公检法要求汇款的，不能相信。

（2）凡是叫你汇款到"安全账户"的，不能相信。

（3）凡是通知中奖、领奖要你先交钱的，不能相信。

（4）凡是通知"家属"出事要先汇款的，不能相信。

（5）凡是在电话中索要银行卡信息及验证码，或是让你开通网银接受检查的，不能相信。

（6）凡是自称提供无担保、低息贷款，让你先交手续费的，不能相信。

（7）凡是领导要求汇款的，不能相信。

（8）凡是陌生网站要求登记银行卡信息的，不能相信。

6 个一律：

（1）陌生电话，一谈到转接公检法的，一律挂掉。

（2）陌生电话，一提到"安全账户"的，一律挂掉。

（3）陌生电话，一谈到银行卡的，一律挂掉。

（4）所有短信，但凡让点击链接的，一律不点。

（5）微信、QQ 上不认识的人发来的链接，一律不点。

（6）网络交易使用非官方平台的，一律拒绝。

3 个绝对不可能：

（1）警方绝对不可能在电话中向你通报案情。

（2）警方绝对不可能通过手机向你发送警官证。

（3）警方绝对不可能通过微信向你发送通缉令。

1个绝对不要做：

所有电话、QQ、微信中陌生人要求转账汇款的，绝对不要做。

四、遭遇电信网络诈骗的应对措施

（1）下载注册"国家反诈中心"APP。

（2）第一时间向辅导员或班主任报告。

（3）拨打后勤保卫处报警电话7280631、7270796。

（4）前往后勤保卫处警务室报案（第二办公楼108室）。

（5）拨打辖区芙蓉派出所报警电话7793110。

第四节　预防意外事故

一、防溺水

溺水事故通常发生在游泳池、水库、水坑、池塘、河流、溪边、海边等场所。一般来说，溺水者大多是不会游泳或初学游泳者，但其中也不乏"水性"较好的游泳者。导致溺水事故的情况大致有以下几种。

（1）不会游泳却以为结伴下水安全。

（2）无任何准备活动即贸然下水。

（3）不熟悉水下情况即贸然扎猛子、跳水。

（4）在海滨游泳时忽视了海浪、潮汐的危险性。

（5）逞强好胜冒险屏气潜水。

酿成游泳溺水事故发生的根本原因是缺乏安全防范意识。我们每一个大学生都应该有清醒的认识，切不可拿自己的生命开玩笑！为避免发生溺水事故，应做到：

（1）严禁独自一人或相约到野外游泳、钓鱼，更不要到不知水情或比较危险且易发生溺水伤亡事故的地方去游泳。

（2）对自己的水性要有自知之明，下水后不能逞能，不要贸然跳水和潜泳，更不能在水中互相打闹，以免呛水和溺水。不要在急流和漩涡处游泳，更不要酒后游泳。

（3）在游泳中如果突然觉得身体不舒服，如眩晕、恶心、心慌、气短等，要立即上岸休息或呼救。

二、交通安全

1. 大学生交通事故的主要类型

（1）行走时发生交通事故。

同学们外出进行购物、游玩、访友、社会实践等活动，因校外车流量大、行人多，与校园内相比，交通情况更复杂。有的同学缺乏通行经验与交通安全意识，常常边走路边玩手机，这容易引发交通事故。校园内虽不如校外道路拥挤，但也存在无专职交通管理人员，上、下课时间交通流量大，汽车、摩托车、电瓶车、自行车等在校园内来回穿梭的情况，学生在行走时还是要提高安全意识，避免发生交通安全事故。

（2）骑行非机动车时发生交通事故。

许多同学上大学期间，通过购买或租赁的形式，骑行自行车、电动车、摩托车，因不遵守交通规则或骑行技术不过关而导致交通事故的发生。

（3）乘坐交通工具时发生交通事故。

同学们在放假离校和返校、外出游玩、参加社会实践等活动的途中，都要乘坐客运交通工具。有的同学租用非法运营的私人车辆外出旅游时发生交通事故，还有的同学在乘坐自己、同学、朋友的私家车时发生交通事故。

2. 交通事故的预防

（1）外出步行时的注意事项。

在外出步行时，须在人行道内行走。没有人行道的，要靠路右边行走。走路时要集中精力，不要边走路边看书、玩手机或追逐打闹，不要做戴耳机听音乐等分散精力的事情。在横过马路时，须走过街天桥、地下通道。没有过街天桥和地下通道的地方，应走人行通道。若没有人行横道，则须直行通过。不要在车辆临近时突然横穿，做到"左看、右看、再左看"。注意养成看交通信号灯的好习惯，通过有交通信号控制的人行横道，须遵守信号规定，做到"红灯停、绿灯行、黄灯等一等"。当遇有交通警察现场指挥时，应当按照交通警察的指挥通行。注意避让来往车辆，不要在车辆临近时抢行，不要追逐、猛跑、斜穿或突然改变行路方向。不要突然横穿马路，特别是遇到马路对面有熟人呼唤，或者看到自己要乘坐的公交车已经进站时。注意学会估测来车与自己之间的安全距离，当车辆正在行驶时，你与来车距离25米以上才比较安全。在设有护栏或隔离墩的道路上，千万不要尝试从道路中央跨越过去。

（2）骑行非机动车时的注意事项。

学生在校期间，禁止骑行电动车和摩托车。骑行自行车外出的同学，出行前要先检查一下车辆的铃、闸、锁是否齐全有效，保证没有问题后方可上路。要在非机动车道上行驶，没有划分车道的要靠右边行驶。在通过路口时，要"一停、二看、三通过"，并主动让机动车先行。遇红灯时，应停在停止线或人行横道线以内，严禁用推行或绕行的方法闯红灯。不能随意骑入机动车道，不要骑车逆行，不并骑，不载人，不追逐打闹，不双手离把骑车，不攀扶其他车辆，不在便道上骑车。当通过陡坡、横穿马路或途中车闸失效时，须下车推行。下车前须伸手上下摆动示意，不要妨碍后面车辆行驶。在骑车转弯时，要伸手示意，例如左转弯时，伸出左手示意。同时，要选择前后暂无来往车辆时转弯，切不可在机动车驶近时，急转猛拐，争道抢行。骑车时要集中精力，不要戴着耳机收听广播、音乐，不接听电话、吃零食。在骑自行车载物时，长度不能超过车身，宽度不能超出车把宽度，高度不能超过骑车人的双肩。

（3）乘客运车时的注意事项。

在乘坐公共汽车、电车和长途汽车时，须在站台和指定地点候车。在上下车时，不要争先恐后，更不能在车辆进、出站点时尾随追逐车辆。要在车辆停稳后有序上下车，遵守"前门上车、后门下车"的规则。不准在车行道上招呼出租汽车。不准携带易燃、易爆等危险品乘坐公共汽车、电车、出租车和长途汽车。在机动车行驶中，不要与驾驶员闲聊，不准将头、手等伸出车窗，不准在车内吸烟，不准向车外抛洒物品，不准跳车。乘坐小型汽车、大客车时，要系好安全带。乘坐长途汽车时，尽量不要打瞌睡。因为在睡眠时，若司机急刹车，巨大的惯性可能对你造成伤害。不能贪图便宜，乘坐车况不好、"黑巴""摩的"等没有安全保障的车辆，拒乘超载车、改装车、拼装车等。注意司机是否疲劳驾驶，若发现身边有安全隐患，拨打"12328"电话举报。下车以后，不要从车前、车后突然走出或横穿马路，要注意观察判断情况后再行走。

（4）在外打车时的注意事项。

到主路上打车，不要贪近怕远。尽量打行驶中的空车，不要打停在路边的空车，避免遇到"蹲点"的坏人。独自打车，特别是晚上打车时，要注意记下车牌号，然后当着司机的面给家里人打个电话，告诉他们车牌号。上车后坐在后排左边位置，即司机后面的位置安全系数高，同时这个位置也不利于司机发动袭击。夜晚打车记得开车窗，保持车内空气流通，以防迷药事件发生。不露财不高调。针对女生的犯罪发生率相对较高，衣着暴露、露出钱财等很可能激起对方的犯罪欲望。随时注意行车路线。上车后切忌低头玩手机、听音乐，甚至闭上眼睛睡觉，这样的习惯风险很大。如果司机有歹意，把你拉到偏僻地方，而你却一无所知，这种情况是非常危险的。不要坐黑车，不要与陌生人拼车。如果搭朋友的车，一定要看清车主是熟人再上车。告诉所搭车辆司机要拍张照片传给亲友，一般来讲，能让自己拍的，就不是坏人。让自己拍了的，即使是坏人，也不大敢使坏了。在个人手机上设置一个紧急键，长按紧急键手机会自动拨打"110"。遇到紧急情况，在最短的时间内，按住这个紧急键，不一定要和"110"对话，只要大声说出自己的恐惧就可以，如"你要干什么""你要把我带到哪里去"等类似的话语。"110"听到后，就知道了情况的危险，即使你的手机被强行关机，警方也会找到你。

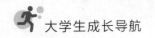

三、预防食物中毒

食物中毒是食用有毒食物所引起的以急性发病过程为主的疾病的统称，在人与人之间不传染。预防食物中毒的关键是把好"入口关"。食物中毒者最常见的症状是剧烈的呕吐、腹泻，同时伴有中上腹部疼痛。食物中毒者常会因上吐下泻而出现脱水症状，如口干、眼窝下陷、皮肤弹性消失、肢体冰凉、脉搏细弱、血压降低等，最后可致休克。在日常生活中，食用被细菌及其毒素污染的食物而引起的食物中毒较为多见，大学生饮食安全要重点预防细菌性食物中毒。

1. 食物中毒的预防措施

（1）有病的或者病死的禽畜肉类不能食用。

（2）讲究卫生，妥善保管好食物，避免苍蝇叮爬。

（3）注意挑选食物，避免生食和熟食接触。瓜果蔬菜生吃时一定要洗净、消毒，不吃腐败变质的食物。

（4）尽量在学校食堂就餐，及时拿取外卖，不在街头的露天小摊、无证排挡吃饭等。

2. 食物中毒的应急处理

一般来说，如果进食后出现呕吐、腹泻、肢体麻木、运动障碍等食物中毒的典型症状时，应及时进行处理，并尽快到医院进行诊断、治疗。对于一般食物中毒的急救原则是利用催吐等方式，尽量排除肠胃中的有毒物质，减少吸收。

（1）让食物中毒者处于空气新鲜，通风良好的环境中，注意保暖。

（2）为防止呕吐物堵塞气道而引起窒息，应让中毒者侧卧。

（3）在呕吐中，不要让中毒者喝水或进食，但在呕吐停止后应立即补充水分。

（4）留取呕吐物或大便样本，以便给医院检查。

（5）如腹痛剧烈，可取仰睡姿势并将双膝弯曲，有助于缓解腹肌紧张。

（6）腹部盖毯子保暖，有助于血液循环。

（7）当中毒者出现脸色发青、冒冷汗、脉搏虚弱时，要马上送医院，谨防休克症状。

第六章
大学生生涯规划

第一节　大学生生涯规划概述

一、大学生生涯规划的重要性

生涯的概念，从广义上来说，是指一个人的一生从开始到结尾的整个经历和过程。而从职业的角度来看待生涯，则更多的是指狭义的生涯概念。在国内，生涯通常用职业生涯来具体指代。

大学生生涯规划，是指结合学生自身以及环境相关因素，在对大学生涯的主客观条件进行测定、分析、总结的基础上，对自己的兴趣、爱好、能力、特点进行综合分析与权衡，结合时代特点，根据自己的学业和职业倾向，确定最佳的奋斗目标，并为实现这一目标做出行之有效的安排。

大学生生涯规划对大学生未来的发展十分重要，做好大学生生涯规划，能为将来的职业发展打下坚实的基础。大学生生涯规划的意义在于帮助大学生掌握现在，看到未来，促进自我认识、自我定位、自我发展以及自我实现。

二、大学生职业生涯规划应遵循的基本原则

职业生涯规划必须是能够根据规划的内容按照进度逐步实施的，因此在设计职业生涯规划的时候，各项阶段性的工作和目标应有明确的时间限制或标准，这样才能考量规划的执行状况，并且根据当前完成情况，评估职业生涯规划的发展进展，

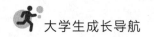

作为下次修订或制定新规划时的参考依据。若没有相应的要求和时间限制，不仅无法起到引导和激励的作用，造成行动上的拖延，而且会因缺少必要信息、前期准备不足而影响进度，最终无法实现职业生涯目标。

要做出合理的职业生涯规划，必须要从个人发展需要出发，在正确认识自身的专业、兴趣、爱好、特长等条件以及相关环境、机遇的基础上，尽早确定自己未来的发展方向。大学是培养专业人才的重要基地，大学生应该从跨入大学校门就开始规划职业生涯，确立自己的未来职业发展目标。在学生制定职业生涯规划时，应遵循以下基本原则。

（一）职业生涯规划必须与未来的社会需求相结合

职业的选择需要符合社会的需求，才能在社会活动中找到自己的位置，如果脱离社会需求，必然难以被社会接纳。大学生的职业生涯规划，要充分了解和把握社会对人才的需求，以社会需求作为出发点和归宿。这样的职业生涯规划才具有可行性，才能将规划变为现实。

（二）职业生涯规划必须与所学专业相结合

每一个大学生踏入大学校园都选择了自己的专业，选择专业可能是出于对自己兴趣爱好的分析，或者对未来职业的期望。不同专业有不同的培养目标和就业方向，经过大学阶段的学习，大学生能掌握某一专业领域的知识和技能，这是大学生的优势所在。而且，用人单位在招聘过程中，会对招聘岗位提出相关的专业要求。因此，大学生在进行职业生涯规划时，应以所学专业为出发点，如果选择的职业与所学专业不相关，就无法充分发挥自己在专业方面的优势，而且在参加工作后还要重新"补课"，这就为自己的生活增添了无形的负担，对个人职业发展是极为不利的。

（三）职业生涯规划必须与提高综合能力相结合

知识经济时代是崇尚创新、充满创造力的时代，当代的大学生应养成推陈出新、追求创意和以创新为荣的意识，仅仅具备专业的基础知识是远远不够的，还要有广博的视野以及开创新领域的能力；树立终身学习的思想观念，不断更新自己的知识结构，有针对性地"充电"，以适应瞬息万变的形势，跟上时代发展潮流；注重个性发展，提高解决问题的能力，在此过程中，还应承认个人智慧具有局限性，懂得自我封闭的危险性及团结协作的重要性，才能以合作伙伴的优势弥补自身的缺陷，增强自身力量，只有在各种人际环境中有良好的沟通能力，与他人友好合作，才能更好地应付知识经济时代的各种挑战。

（四）职业生涯规划必须与增强身心健康相结合

千变万化的社会要求大学生不仅要具备专业知识和技能，更要有健康的体魄和良好的心理素质。古希腊哲学家赫拉克利特曾说："如果没有健康，智慧就难以表现，文化无从施展，力量不能战斗，财富变成废物，知识也无法利用。"在人生选择与实践过程中，应增强个人承受挫折的能力，锻炼管理情绪的能力，在生活的磨炼与体验中，坚持正确的人生态度，勇于面对困难和挫折。

第二节　大学生生涯规划的实施

大学生生涯规划的实施主要包括自我评估、确立目标、职业定位、实施策略、评估与反馈。

一、自我评估

一个有效的生涯设计必须是在充分且正确认识自身条件的基础上进行的。自我评估是大学生职业生涯规划的重要组成部分，可以帮助个人了解自我和未来职业生涯发展的关系。自我评估包括对兴趣、能力、价值观、人格等方面的评估。

自我评估是建立在自我观察与自我分析基础上的自我身心素质的全面评估。自我评估的具体方法主要包括自省、听取他人评价、接受他人意见和进行心理测试等。不论采用何种方法，都要注意相互之间参照与综合，要客观地评价自己，既不高估自己，也不贬低自己；要认识自己的优势、劣势、与众不同和发展潜力，这样才能做出准确全面的自我评价，从而选择适合自己的职业。

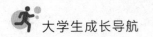

二、确立目标

职业生涯目标按照性质，可以分解为外职生涯目标和内职生涯目标两类。外职生涯目标包括工作内容目标、职务目标、工作环境目标、经济目标等；内职生涯目标则侧重于在职业生涯过程中的知识、经验的积累，观念的改变和能力的提高，主要包括观念目标、工作能力目标、工作成果目标、提高心理素质目标、掌握新知识目标、处理与其他人关系的目标等。根据美国著名职业生涯管理专家萨柏的生涯发展阶段理论，我国大多数大学生一直在学校求学，正处于生涯发展的探索阶段和学习奠基阶段。他们在专业学习、社会实践、勤工助学和社会兼职中尝试不同的职业角色，认识不同的社会职业，不断修正职业期望值；根据个人的兴趣、需求、能力、价值和就业机会等因素，作暂时性的选择和实验性的尝试，使职业偏好具体化，并且在收集和分析相关职业资讯的基础上正式进入就业市场，由一般性的选择转变为特定职业目标的选择，正式选定与自我适合的职业，并把它作为自己的主要职业发展方向。

三、职业定位

职业定位，就是明确一个人在职业上的发展方向，它是人在整个职业生涯发展历程中的战略性问题，也是根本性问题。职业定位有三层含义：一是确定自己，你是谁，你适合做什么工作；二是告诉别人，你是谁，你擅长做什么工作；三是匹配与协调，根据自己的爱好、特长、能力以及个性将自己放在一个合适的工作的岗位上。不同的职业定位就会有不同的专业选择及职业选择。

职业定位是个繁杂的过程，需要综合考量一个人的性格类型、兴趣爱好、职业价值观、自身需求、学历、工作经历，以及自己的能力水平和可利用的资源状况等多方面因素。

四、实施策略

大学生生涯规划实施策略就是要制定实现职业生涯目标的行动方案，要有具体的行为措施来保证。没有行动,职业目标只能是一种梦想。要制订周详的行动方案,更要注意去落实这一行动方案。大学生进行职业生涯规划时,可按学习重点与心理特征的不同将大学时期分成探索期、定向期、冲刺期,并按照每个阶段的不同目标和自身成长特点,制订一些有针对性的实施方案。

五、评估与反馈

任何事物都处在变化之中,绝大部分变化是难以预见的。职业定位,也并非一个静态结果,而是一个动态过程,往往需要我们结合自身职业生涯每个阶段的具体情况,对自己的职业定位不断做出修正调整,以更好地符合自身发展和社会发展的需要。职业生涯规划的评估与反馈过程是个人对自己的不断认识过程,也是对社会的不断认识过程,它能使我们的职业规划更加符合实际情况,更加适应环境的变化,更加能够有效实施。有的大学生在经过一年的专业学习后,发现自己并不适合该专业,在很多方面存在冲突,因而选择换专业,这就是评估与反馈后做出的生涯改变。

第三节 大学期间的生涯准备

按照职业生涯发展理论,职业生涯可分为职业前期、职业准备期、职业探索期、职业发展期、职业维持期、职业衰退期六个阶段,其中职业准备期在15~22岁,涵盖了高中和大学阶段。大学阶段处于学生生涯与职业生涯的交界处,作为学生生涯的最后阶段,需要为步入职业生涯做好准备。大学期间可以做到的生涯准备有认清大学生职业规划的误区,树立规划意识,培养自身的职业能力和职业素养。

一、认清大学生职业规划的误区

(一)忽视职业生涯规划

在校大学生缺乏职业生涯规划意识的现象比较普遍。部分大学生学习无目的,

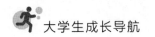

荒废宝贵的学习时间。大学生应该明白拥有一个明确目标的重要性，进行职业生涯规划就是要对我们所能做到的事情全力以赴。

（二）职业生涯规划是毕业时才要面临的事情

有的大学生认为，自己尚处于学习阶段，未来有太多不确定因素，因此现在做职业生涯规划为时过早。这是很多刚上大学的新生所抱定的观念。这是否就说明了大一和职业规划、职业生涯没有关系呢？每年都有大批的新生踏入大学校园，经历了高三巨大的学习压力，他们觉得上大学就无后顾之忧了，以致在毕业的时候才发现自己面临各种各样的问题。那么职业规划就不应是毕业才要面临的问题，而是整个大学阶段都要面临的。职业生涯规划宜早不宜迟。

（三）职业生涯规划等同于职业选择

职业生涯规划是一个周而复始的连续过程，其过程包括确定志向、自我评估、生涯机会评估、职业选择、职业生涯路线选择、确定目标、制定行动计划、评估与反馈8个步骤；而职业选择，单纯地讲就是找一份工作，实际上职业选择本身也是根据自身兴趣、爱好、能力等因素选择适合自己的工作的过程。显然职业选择是职业生涯规划中的重要一环。

（四）职业生涯规划急功近利

由于近年来就业压力越来越大，很多大学生一进大学就准备专升本考试或考研，所以在校与放假期间大部分时间都在学习，很少考虑工作的事情，社会活动也不想参加，怕影响学习；部分学生不根据自己的实际情况盲目地考证或参加培训；更有见异思迁者，一看到社会上某种职业收入高就想从事该职业，把自己的规划抛到脑后。

二、树立大学期间规划意识

（一）大一自我探索期

进入大一，首先，要适应角色转变，了解大学的各项规章制度以及校园文化活动，学好公共基础课程，及时调整自己的心态；其次，要开始接触职业和职业生涯的概念，确立自己的职业方向，和现实挂钩，了解自己的兴趣、性格和职业倾向，为确定职业目标奠定基础，并对社会环境和职业环境进行分析，确立初步的职业目标，初步制定职业生涯方案。

（二）大二定向期

关注专业相关技术前沿、行业发展，了解行业内的企业、职业等。可以采取多种途径尽量了解专业情况，例如向高年级师兄师姐了解专业学习方法，向辅导员了解毕业生的就业情况，向老师了解专业发展前景，等等。在自我管理上，需要保持积极的心态和行动，不断思考自己在大学想要获得什么，并学会争取资源，开拓实践，通过暑期兼职、实习以及一些志愿者活动提高自己的责任感、主动性和受挫能力，并从不断的总结分析中得到职业的经验。

（三）大三冲刺期

这个阶段大学生的毕业方向已经确定，大部分学生的目标应该锁定在工作申请及成功就业上。大学生应首先检验自己已确立的职业目标是否明确，前两年的准备是否充分，然后积极利用学校提供的条件，了解就业形势与政策、法规，获取就业信息，开始毕业后工作的申请。此时大学生可以根据自己在大学期间知识和能力的积累情况，自身发展及其行业、职业情况和个人倾向确定个人的求职单位，加强求职技巧、求职礼仪、简历撰写、就业政策等方面的学习，进行模拟面试等训练，尽可能地在做好较为充分准备的情况下进行实战演练。另外，要重视实习机会，通过实习从宏观上了解单位的工作方式、运转模式、工作流程，从微观上明确个人在岗位上的职责要求及规范，为正式走上工作岗位奠定良好基础。

三、培养自身的职业能力和职业素养

职业能力是人们从事某种职业活动表现出来的多种能力的综合。彼得·圣吉在《第五项修炼》中说，企业未来唯一持久的竞争优势是比竞争对手学习得更快和更好，其实个人也是一样。职业能力是大学生就业的核心竞争力，拥有良好的职业能力，才能保持自己的职业竞争力，逐步达到自己设定的职业目标。

职业素养是指职业内在的规范和要求，是在职业过程中表现出来的综合品质。

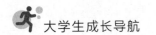

大学生拥有更好的职业素养，可以增强其在就业中的竞争力。

努力提升自我的职业能力和职业素养，是每个大学生应该自觉、主动进行的一项人生修炼。

（一）职业能力的构成

可以把大学生职业能力分为一般职业能力、专业能力和职业综合能力。

1. 一般职业能力

一般职业能力主要是指顺利完成各种活动所必备的基本能力，这种能力集中体现在认知活动中，也就是一般意义上的智力，我们也可称之为"认知能力"或"认知智力"，如观察力、记忆力、思维力、想象力和言语能力。在职业活动中，对环境的适应能力、人际交往能力、团队协作能力，以及遇到挫折时良好的心理承受能力都是不可缺少的能力。

2. 专业能力

专业能力主要是指从事某一职业所应具备的与专业知识、专业技能和专业素养等相关的基础性的职业能力，与某些职业活动紧密相关，如绘画能力、音乐能力、写作能力和运动能力等。在求职过程中，招聘方最关注的就是求职者是否具备胜任岗位工作的专业能力。

3. 职业综合能力

职业综合能力指所有的职业岗位都不可缺少，所有的就业者都应具备的能力，也是国际上普遍注重培养的"关键能力"。其主要包括跨职业的专业能力、方法能力、社会能力、个人能力。

（二）职业素养的构成

职业素养概括起来包括四方面的内容。一是职业道德，二是职业思想，三是职业行为习惯，四是职业技能。前三项是职业素养中最根基的部分，而职业技能是支撑职业人生的表象内容。前三项属世界观、价值观、人生观范畴的产物，而后一项，是通过学习、培训后获得的。例如，计算机、英语等属于职业素养中的职业技能，我们可以通过三年左右的学习掌握入门技术，在实践运用中技能日渐成熟而成为专家。

（三）大学生职业能力和职业素养的培养

1. 要培养职业意识

培养职业意识就是要对自己的未来有规划，培养职业意识的前提就是认识自己。大学期间，每个大学生都应学会认识自己，评估自己是一个什么样的人，将来想要做什么，能做什么，环境能支持自己做什么。自我评估着重解决一个问题，就是认识自己的个性特征（包括自己的气质、性格和能力）以及自己的个性倾向（包括兴趣、动机、需要、价值观等）。大学生根据自我评估的结果，对自己的优势和不足形成一个比较客观的认识，结合环境如市场需要、社会资源等确定自己的发展方向和行业选择范围，明确职业发展目标，并根据职业发展目标探索职业领域，发展职业技能，培养职业兴趣，树立职业价值观。

2. 利用学校现有的教育资源，主动培养自身的职业能力

个体职业能力提高的有效途径就是接受教育。学校的教学及各专业的培养方案是针对社会需要和专业需要所制订的，旨在使学生获得系统化的基础知识及专业知识，加强学生对专业的认知和知识的运用，并使学生获得学习能力，培养学习习惯。大学生应该积极配合学校的培养计划，认真完成学习任务，重视大学课堂，积极参与在校实践和校外实习，尽可能利用学校的教育资源，包括教师、图书馆等获得知识和技能，为将来的职业需要储备能力。

3. 有意识地培养职业道德、职业态度、职业作风等职业素养

核心职业素养体现在很多方面，如独立性、责任心、敬业精神、团队意识、职业操守等，这是很多用人单位特别看重的素质。因此，大学生应该有意识地在学习和生活中主动培养独立性，学会分享、感恩，勇于承担责任。大学生要正确认识自我，客观看待自己，正视自己的缺点，扬长避短，在思想、情操、意志、体魄等方面进行自我锻炼，把对个人素质的基本要求，自觉地转化为敬业乐业、积极进取的职业态度。同时，大学生还要培养严谨认真、勤奋踏实、团结协作的职业作风和诚实守信、遵纪守法、办事公道的职业操守。